NOTICE HISTORIQUE

SUR

LA CATHÉDRALE

DE LA ROCHELLE.

LA ROCHELLE,

IMPRIMERIE ET LIBRAIRIE DE J. DESLANDES,

RUE CHEF-DE-VILLE.

1862.

A MONSEIGNEUR

JEAN–FRANÇOIS–ANNE–THOMAS LANDRIOT,

ÉVÊQUE DE LA ROCHELLE ET SAINTES.

Monseigneur,

Votre Grandeur et le Diocèse entier auront enfin la consolation de voir briller le jour de LA CONSÉCRATION DE L'EGLISE CATHÉDRALE DE LA ROCHELLE. Permettez-moi, à l'occasion de cette grande solennité, de détacher d'un plus grand travail quelques feuilles sur lesquelles seront inscrits les souvenirs les plus mémorables qui se rattachent à cet édifice. Vos fidèles pourront peut-être puiser un motif d'encouragement pour leur foi, dans cette petite NOTICE SUR LA CATHÉDRALE.

Heureux de répondre à l'appel de mes vénérés Confrères, je me serais laissé entraîner volontiers par le désir de vous offrir quelque chose de plus largement conçu. Mais, d'un autre côté, la célébration si prochaine de notre belle *fête de famille*, et ses heures trop fugitives, semblaient ne demander qu'une simple et rapide esquisse ; plus tard , à l'aide de quelques loisirs, j'espère pouvoir mettre la dernière main à une œuvre mieux étudiée et qui renfermerait l'histoire de cette troisième période de l'existence de La Rochelle. Je lui donnerais pour titre : les Evêques de la Rochelle ; et pour pensée dominante : la Restauration du Catholicisme , dont ils ont été les instruments providentiels, à l'égard de cette ville, autrefois si tristement orageuse, aujourd'hui si heureusement pacifiée.

A travers bien des vicissitudes , et pendant plus d'un siècle, vos prédécesseurs ont poursuivi le grand projet qui touche à un de ses plus beaux jours. La création d'un Evêché à La Rochelle, sa Cathédrale à bâtir , faisaient comme partie du vœu de Louis XIII. La régente Anne d'Autriche, sa veuve , et Louis XIV, enfant, prirent à cœur son accomplissement , par le don du *Grand-Temple , qui devait servir de Cathédrale*, et par la création de l'Evêché. Mais un incendie terrible allait, bientôt après , consumer l'édifice qui faisait l'objet du don royal. Le règne de Louis XV vit poser la première pierre de l'édifice actuel ; celui de Louis XVI vit cette église, conduite jusqu'aux deux tiers de sa construction , s'ouvrir aux solennités du culte divin. Bientôt après, la Révolution la ferma sur les pas du dernier des Coucy et de ses prêtres qui partaient pour l'exil ; elle la profana quelques jours plus tard. A peine la main victorieuse du premier Consul a-t-elle signé le

Concordat, qu'un prêtre vénéré revient de l'exil pour la rouvrir au nom des Evêques de La Rochelle.

Pendant le demi-siècle qui s'est écoulé depuis la restauration du culte en France, on semblait avoir désespéré de réaliser, dans leur ensemble, les plans primitifs de Gabriel, le premier architecte de Louis XV. Cependant, après des jours d'orage, votre prédécesseur, aujourd'hui Cardinal de la sainte Eglise romaine, posait solennellement la première pierre, pour l'achèvement de l'édifice, le jour même où ses mains venaient de sacrer, pour l'Eglise de Blois, un des trois Prélats que le Chapitre de La Rochelle s'enorgueillit en ce moment d'avoir compté parmi ses membres.

A vous, Monseigneur, grâce aux libéralités souvent renouvelées d'un Gouvernement qui sait apprécier votre mérite, il était réservé de marquer de l'huile sainte ces murailles, qui, au moins à l'intérieur, présentent maintenant à nos yeux la réalisation complète de la pensée de l'architecte.

Qu'il nous soit permis d'espérer, Monseigneur, que portant au pied du Trône les vœux ardents de votre Chapitre, les désirs empressés des Rochelais et du Diocèse et vos instances personnelles, vous obtiendrez ce qui reste à faire : la décoration intérieure et les deux tours qui doivent orner la façade de l'édifice. La ville de Paris bénit l'initiative féconde qui réalise, chaque jour, ses admirables embellissements. La ville de La

Rochelle bénirait la main impériale, le jour où elle la verrait s'ouvrir, pour la doter du principal ornement qui manque à sa Place d'Armés et achever le plus important de ses monuments religieux. La reconnaissance formerait de nouveaux liens entre elle et ses bienfaiteurs.

Daignez agréer, Monseigneur, l'hommage du profond respect et du filial attachement avec lesquels

J'ai l'honneur d'être,

MONSEIGNEUR,

Votre très-humble et dévoué serviteur.

CHOLET, *Chanoine-Théologal.*

La Rochelle, 11 Novembre 1862, en la fête de St-Martin.

NOTICE HISTORIQUE

SUR LA CATHÉDRALE DE LA ROCHELLE.

I.

LA ROCHELLE

SOUMISE A LA JURISDICTION SPIRITUELLE DES ÉVÈQUES DE SAINTES.

Jusqu'au milieu du XVIIe siècle, La Rochelle et le pays d'Aunis, dont elle est le chef-lieu, faisaient partie du Diocèse de Saintes. L'Evêché de La Rochelle, créé par la Bulle d'Innocent X, n'a pas encore deux cent quinze ans d'existence, et ne compte que quatorze Evêques. Commencée il y a cent vingt ans, la Cathédrale de La Rochelle ne sera consacrée que le 18 Novembre 1862. C'est cette transformation du *Boulevard de l'hérésie* en ville épiscopale, cette construction et cette consécration si tardives d'une Eglise Cathédrale, sur lesquelles nous voudrions jeter quelque lumière, en suivant les phases diverses qui ont accompagné ces événements importants de notre histoire locale. Bien des lecteurs, même instruits, n'ont jamais ouvert la volumineuse *Histoire de La Rochelle* du P. Arcère; du reste, malgré son mérite, ils y auraient trouvé l'histoire militaire beaucoup mieux présentée que les faits qui sont du domaine de la Religion ou des institutions sociales.

Malheureusement, cette période historique se prolonge pendant près de sept siècles, à partir des origines rochelaises jusqu'à la minorité de Louis XIV. L'impérieuse nécessité de faire paraître cette Notice au jour fixé pour la consécration, et sous des proportions assez restreintes, ne nous permet même pas d'en donner le canevas ou seulement le sommaire décharné. A notre grand regret, nous devons nous décider à le retrancher presque en entier. Nous avons la confiance que quelques lecteurs y auraient trouvé un souvenir consolant des forces vitales du Catholicisme, avant *la Réforme*, et s'expliqueraient mieux ses luttes et sa résurrection, après les agitations du XVIe siècle; nous sommes persuadés que de grandes lacunes restent à combler dans notre *Histoire de La Rochelle*, surtout dans la partie religieuse.

LES ORIGINES AUNISIENNES forment un sujet intéressant, complètement inexploré. Pendant que la domination des Romains, des Wisigoths, des Rois et Ducs Mérovingiens, se succède sur le petit territoire compris entre la Charente et la Sèvre, les saints Evêques de Saintes, Eutrope, Vivien, Trojan, Pallais, Léonce, évangélisent cette portion de leur vaste Diocèse. Sous les faibles successeurs de Charlemagne, pendant les incursions des Normands, au IXe siècle, le régime féodal s'organise en Aunis ; le *Pagus Alniensis* détache ses destinées de celles de la Saintonge ; les temps vraiment historiques commencent pour l'Aunis ; la création d'un *Archidiacre d'Aunis*, auquel l'Evêque de Saintes confie la visite et la sollicitude de trois cent trois paroisses, révèle une forte organisation ecclésiastique (1002-1038). La Rochelle apparaît, ne présentant rien autre chose que son nom (1), comme premier titre historique et certain : « — 1023 — *Quinquaginta areas in Rochellâ.* » Un siècle après, les malheurs de Chatel-Aillon et de ses premiers Barons héréditaires, vont profiter au développement rapide de La Rochelle, jusque-là simple *Prevôté*, humble et pauvre vassale. Guillaume X, son véritable fondateur, lui octroie ses premières libertés, trace son enceinte, donne des noms à ses portes, bâtit ses tours et le donjon de son château de Vauclair (*Castrum vallis claræ*). En même temps, les Evêques de Saintes viennent consacrer ses premiers établissements religieux : Guillaume de Guadrad, le Prieuré de Saint-Jean l'Evangéliste, et à son ombre l'église de Notre-Dame, la première et la

(1) La critique moderne rejette comme falsifié et sans valeur historique un titre de 961, que l'on invoquait autrefois pour reculer la naissance de La Rochelle.

Une chose à remarquer, c'est que le nom primitif de La Rochelle fut emprunté à la langue Romane, et fut *Rochella*, 1023, *quinquaginta areas in Rochella* ; 1139, *Eleonore : apud Rochellam habebam* ; 1145, *Salinas... de Rochellâ* ; 1149, *Petrum archypresbyterum de Rochellâ, etc.* ; et enfin le sceau de la commune portait cette légende : SIGILLVM COMMUNIE DE ROCHELLA.

plus ancienne paroisse de la ville (1); Bernard cède aux instances du Pape Eugène III, et consent à la construction de l'Eglise de Saint-Barthélémy (1152); les trois autres paroisses se forment presque en même temps ; elles seront toutes les cinq unies par le lien du serment communal (1199). Ponce II reconnaît à l'Ordre de Cluny le droit de nomination aux paroisses de Notre-Dame, de Saint-Barthélémy, de Saint-Sauveur (1217); les Ordres militaires des Hospitaliers de Saint-Jean-de-Jérusalem et des Chevaliers du Temple forment deux Commanderies importantes (1139).

La Rochelle eut, en peu de temps, de nombreux

---

(1) Sur la hauteur appelée *Comnia* (Compnia, Cognes, Cougnes) s'établit, et certainement après l'an 1077, un prieuré de l'ordre de Cluny, dédié à Saint-Jean l'Evangéliste, et que l'on distingua plus tard sous le nom de Saint-Jean-Dehors (*extra muros Rupellæ*). La formation de ce premier établissement religieux de La Rochelle marque une époque très-importante pour fixer la naissance de La Rochelle. Que pouvait être, au Moyen-Age, une population assez peu considérable pour n'avoir pas d'église ?

Du prieuré naquit la paroisse de Notre-Dame (*de Comnia* ou *de Rochella*), la plus ancienne de toutes les paroisses de la ville. *Ecclesiæ matris totius Rochellæ* (titre de 1152).

Tout cela dut avoir lieu sous l'épiscopat de Guillaume de Guadrad, auteur d'un réglement au sujet des offrandes à partager entre le prieur et le curé. Les parties intéressées à ces questions financières, dans une pièce datée du 29 septembre 1149, ne font pas remonter leurs souvenirs et leurs prétentions respectives au-delà de cet épiscopat, c'est-à-dire entre 1127 et 1139. *Tempore Guillelmi Guadradi, Xanctonensis episcopi, solebant dividere per medium oblationes.* (Titre original provenant de Cluny, à la Bibliothèque Imperiale).

établissements religieux. Outre ses cinq Eglises paroissiales, là chapelle de Sainte-Anne, au château de Vauclair, celle de Notre-Dame, à la Commanderie du Temple, elle eut ses Religieux des quatre Ordres mendiants : Dominicains, Franciscains, Augustins, Carmes ; ses fondations charitables : les aumôneries de Saint-Lazare, de Saint-Berthomé, de Saint-Julien, de Saint-Thomas de Cantorbéry, de Saint-Jacques, de Notre-Dame de Bethléem ; ses communautés de femmes : les Religieuses de Prémontré, les Filles-Dieu, les Sœurs Cordelières ; ses riches confréries de Saint-Michel, de Saint-Marsault (Saint-Martial), de Saint-Eloi, de Saint-Georges, du Corps-du-Christ, où s'enrôlèrent ses plus opulents bourgeois.

Nous nous arrêterions avec complaisance à mettre en relief l'influence des Evêques de Saintes, qui alors sont les Évêques diocésains, sur les progrès religieux de La Rochelle. Le long procès *des Dîmes* (1310-1405) ; les susceptibilités ombrageuses des bourgeois Rochelais ; qui disputent à l'Evêque de Saintes le privilége d'avoir à l'*Evescot*, c'est-à-dire à sa maison épiscopale, les prisons de son officialité ; la présence des Evêques à certaines occasions solennelles, tout cela forme d'intéressants épisodes. A peine osons-nous en citer un ou deux exemples.

Lorsqu'il fallut exécuter le malheureux traité de Brétigny, l'Evêque de Saintes, Gaillard du Puy, vint à La Rochelle ; la ville désolée fut remise au représentant de l'Angleterre par le Maire, sire Loys Buffet, « *et en sa compagnée estoyent Révérend Père en Dieu l'Evesque de Xainctes, l'Abbé de Châstres et plusieurs gens d'église.*» Dans ces lignes on retrouve un fragment de nos vieilles Annales catholiques ; les suivantes appartiennent au maire Jehan de Conain, qui, pour remercier Dieu de se voir au faîte des dignités municipales, avec ses deux gendres pour co-élus, fonda, dans le cloître des Frères-Prêcheurs, *la Chapelle des très-dignes et sacrés noms de Jésus-Marie.*

« En l'année 1515, fist son entrée reverend père en
» Dieu Monseigneur de Xainctes, nostre Evesque et
» patron, parent de nostre Saint-Père le Pape Léo de
» Medicis ; et fit son entrée ledit Evesque en cette ville
» de La Rochelle, le mardi devant l'Ascension (c'était
» le 15 Mai), lequel assista, la veille de l'Ascension, à
» vespres, M. le Maire et Messieurs en sa compagnie ;
» le jour de l'Ascension fust à la procession avecq son
» clergé et assista durant la grand'messe à Notre-Dame
» de Cougnes. Après la dite grand'messe, fit l'honneur
» à M. le Maire et Messieurs de disner et souper au
» Parquet, là où estoyent tous Messieurs assemblés
» pour la dite feste ; et, à l'entrée, furent au-devant
» du dit Evesque, tous Messieurs de l'Eglise et Men-
» diants (les Religieux des Ordres mendiants), M. le
» Maire et Messieurs, jusqu'au lieu de Tasdon, près
» La Rochelle. »

Cette année était la première du règne du François Ier, et cet Evêque de Saintes, le cardinal François Soderini. Son neveu, Julien Soderini, après lui Evêque de Saintes, eut l'honneur de recevoir François Ier lorsqu'il fit sa première entrée à La Rochelle (1er février 1520). L'époque néfaste du Protestantisme approchait.

Louis XII, en mourant, avait jeté de tristes pronostics

sur le règne de son successeur. *Nous travaillons en
vain*, disait-il, *ce gros garçon gâtera tout*. Ce triste
présage, restreint à l'histoire de La Rochelle, est
d'une vérité prophétique et malheureusement trop
exacte. Les actes de François Iᵉʳ, surtout l'abolition de
la Mairie, qui comptait plus de quatre cents ans d'existence, aliénèrent les cœurs des Rochelais à la royauté.
L'aversion pour l'autorité royale ouvrit les portes aux
nouvelles doctrines, aux mécontents, aux factieux, à
l'hérésie. Les Evéques de Saintes, qui résidaient loin
de cette portion de leur troupeau, le virent envahi par
les loups ravisseurs. Tristan de Bizet, qui avait assisté
au Concile de Trente, fut impuissant à le défendre ; il
ne put que pleurer sur les ruines que l'hérésie armée
et déchaînée amoncelait dans son Diocèse. En 1562,
elle avait préludé par le pillage des églises et le *brise-
ment des idoles* ; en 1568, elle DÉTRUISIT TOUTES LES
ÉGLISES CATHOLIQUES, à l'exception de la seule chapelle
de Sainte-Marguerite, protégée par la compassion des
auteurs eux-mêmes de ces sacriléges désastres.

« Les Eglises de La Rochelle, » dit un de nos chroniqueurs, « ressemblaient à autant de cathédrales, et
» le service divin s'y faisait avec autant de pompe que
» dans les plus belles cathédrales de France. » Presque
tous ses édifices religieux brillaient de ce luxe artistique
que le génie chrétien avait déployé du XIIIᵉ au XVIᵉ
siècle. Rien ne fut épargné. Dans l'intérieur de la ville
seulement, douze grandes églises furent ruinées de
fond en comble. Ces lugubres scènes de vandalisme
sont consignées dans des titres irrécusables : 1° les
aveux des écrivains protestants ; 2° les procès-verbaux

des commissaires royaux , qui les constatent sur les lieux mêmes (1599) ; 3° les dépositions recueillies en justice (1618) ; 4° les procès-verbaux de visites dressés par les grands-vicaires des Evêques de Saintes.

Pendant les soixante années de la domination du Protestantisme (1568-1628), les Evêques de Saintes ne purent se montrer qu'à de très-rares intervalles dans une ville presque tout entière rebelle à leur autorité. En 1572 , il y avait cinquante-cinq ministres dogmatisant contre l'Eglise romaine ; à peine un prêtre catholique osait-il se hasarder à y paraître ; à l'édit de Nantes , les Catholiques étaient à peine le vingtième de la population.

Et cependant c'était cette ville ainsi livrée à l'hérésie qu'il s'agissait de transformer en ville épiscopale. La main du Tout-Puissant paraissait seule capable de produire ce prodige : *Hæc mutatio dexteræ Excelsi*. Son instrument fut Louis XIII , ou plutôt le génie de Richelieu.

Le nom de cathédrale , dérivé du latin *cathedra* , *chaire* ou *siége* d'un Evêque , est réservé, dans le langage ecclésiastique , à l'église épiscopale d'un Diocèse. C'est l'*Eglise-mère* de la circonscription diocésaine , à laquelle sont attachées la résidence de l'Evêque et l'institution canonique de son Chapitre. Avant de prétendre à avoir une cathédrale , il fallait que La Rochelle fût érigée en Evêché ; aussi , la consécration d'une cathédrale devient-elle comme l'épanouissement et le dernier terme de la création de l'Evêché ; c'est la croix posée au faîte d'un édifice qui s'achève ; elle l'embellit et le couronne.

Sur les pierres de la cathédrale de La Rochelle, les religieuses espérances de Louis XIII, les libéralités de Louis XIV, Louis XV et Louis XVI, la coopération puissante du second Empire seront consacrées en caractères mystérieux, en même temps que la main de l'Evêque consacrera les murailles par l'onction sainte. Plaise à Dieu que la consécration de la Cathédrale soit dans l'ordre moral ce que la clé de voûte est dans la construction d'un édifice matériel : le point de départ vers le réveil et l'unité de la foi ; la première lueur des consolations à venir.

Mais, avant de parler de la Cathédrale actuelle, il convient de parler du Grand-Temple, qui, pendant quarante ans, porta le titre de CATHÉDRALE DE LA ROCHELLE.

LE GRAND-TEMPLE

JUSQU'A LA CRÉATION DE L'ÉVÊCHÉ

(1577—1648).

Le GRAND TEMPLE ayant servi de cathédrale aux deux premiers Évêques de La Rochelle, et cela pendant près de quarante ans, nous devons donner quelques détails sur cet édifice, le plus remarquable que la *Réforme* ait produit en France.

Historique de sa construction
(1577—1603).

Depuis les déplorables fureurs des journées de Janvier 1568, La Rochelle n'avait plus d'édifices religieux qui répondissent aux espérances d'avenir du nouveau culte. La cour de Navarre et les chefs protestants avaient fait de La Rochelle leur place de refuge, et le rendez-vous des principaux adhérents du parti. Aussi, dès l'année qui suivit la destruction des Eglises catholiques, vit-on éclore le projet de bâtir un *Grand-Temple*. Sur les livres de compte du Trésorier de la ville, en 1569, on trouve que la ville cédait aux

Réformés, moyennant dix sols de rente, « une place pour bastir un Temple, sise en la place du Chasteau. »

Enorgueillie par ses succès, à l'époque du terrible siége de 1573, la ville reprit avec plus d'ardeur que jamais le projet de bâtir un *Temple* en rapport avec les destinées que se promettait la Réforme. La première pierre de cet édifice, qui prit le nom de *Grand Temple*, fut posée, avec de grandes solennités, par Henri Ier, prince de Condé, fils de ce Louis de Bourbon, prince de Condé, qui, dès la première levée de boucliers, en 1562, avait été déclaré chef des Protestants, et qui fut tué sur le champ de bataille de Jarnac (15 mars 1569). A cette époque, le prince de Béarn, depuis roi de Navarre, et enfin Henri IV, avait été déclaré chef du parti ; Henri de Condé était devenu son second, et la guerre, dite *des Trois Henri*, se poursuivait contre Henri III, au nom *des Princes*. Le prince de Béarn étant occupé dans le Midi, pour *les intérêts de la cause*, Henri de Condé passa la plus grande partie de l'année 1577 à La Rochelle, où les princes avaient leur principal appui. La paix entre le roi de France, le roi de Navarre et le prince de Condé, protecteurs des Eglises réformées de France, ayant été proclamée à La Rochelle (le lundi, 7 Octobre 1577), la ville jugea le moment favorable pour commencer le splendide édifice dont Philibert de Lorme, l'architecte des Tuileries, avait dressé les plans. On y travailla, en effet, les trois années suivantes, sans faire autre chose que conduire les fondations à fleur de terre. Les guerres de partisans, la peste qui affligea La Rochelle en 1582, l'apparition de la *ligue catholique*, la lutte armée des partis, dont la bataille de Coutras fut le plus saillant épisode (20 Octobre 1587), firent arrêter les travaux. Henri de Condé, ce jeune prince, *l'espoir du parti*, qui n'avait que vingt-quatre ans lorsqu'il avait posé la première pierre du *Grand-Temple*, mourut empoisonné à Saint-Jean-d'Angély (5 Mars 1588). La mort tragique du duc de Guise (23 Décembre 1588), celle de Catherine de Médicis (5 Janvier 1589), celle d'Henri III, le dernier de ses fils et le dernier des Valois (1er Août 1589), furent bientôt suivies de l'avènement au trône d'Henri IV, *le bon ami des Rochelais*. Mais Henri IV avait à conquérir son royaume ; et il s'écoula encore dix ans, avant que La Rochelle ne se vit en état de reprendre les travaux interrompus du Grand-Temple.

Ce ne fut qu'après le célèbre Edit de Nantes, publié à La Rochelle, le 4 Août 1599, que l'on se mit à l'œuvre. Nos chroniqueurs du XVIIe siècle ont enregistré, dans leurs notes, les souvenirs de cette reprise de la construction.

« Au commencement du mois de Juin 1600, on a » recherché les vieux fondements du Temple autre- » fois (1577), commencé en la place du Chasteau, et, » le seize dudit mois, on a posé les seconds fonde- » ments du Temple. »

« Le 24 de Juin, je Merlin » (c'était le ministre qu'on surnommait *le Pape de La Rochelle*), « ai posé une » pierre fondamentale ès-fondements du Temple, sous » la muraille de la petite porte. »

« Audit an 1600, sous la mairie de Pierre Guillemin, » sieur du fief Coutret, furent amassées les *bonnes* » *volontés* pour la construction du Temple, et se

» trouva 6,000 écus ; et furent les murs élevés jus-
» qu'aux corniches du haut. »

Le Grand-Temple servant pour le Prêche.
(1603—1628.)

« Au mois de Septembre 1603, fut parachevé le
» Temple de la place du Château... et fut fait le pre-
» mier prêche, le Dimanche, septième jour de Sep-
» tembre, par M. Dumont (le plus ancien des Ministres),
» et y assista plus de 3,500 personnes. »

Le ministre Merlin nous dit, dans ses Mémoires, à
quelles heures il prêchait au Temple neuf, en 1604 et
années suivantes. En lisant certaines pages de ses
récits (très-authentiques, puisqu'ils sont de sa propre
main), on peut croire sans témérité que plus d'une fois,
dans cette enceinte qui allait bientôt devenir la Cathédrale des Evêques de La Rochelle, l'ardent Ministre
déclama contre le Papisme, la prostituée de Babylone,
l'ante-Christ: figures de rhétorique trop usitées sous sa
plume. Souvent il y eut, parmi ses auditeurs, Madame
de Rohan et sa famille, et autres personnes de haut
parage.

Le 27 Août 1613, le nouvel édifice courut un premier
danger d'incendie que le Ministre Merlin raconte en ces
termes : « Entre quatre et cinq heures du soir, le feu
» s'est pris à la charpente du Temple neuf, par la faute
» des couvreurs, qui ont laissé le chaudron plein de
» charbon, pour souder le plomb, et puis sont allés
» boire ; tellement que le vent d'west-nord-west souf-
» flait avec véhémence ; la flamme est sortie du char-
» bon, a brûlé la latte et fondu même le plomb en cet

» endroit. Mais comme on s'est aperçu de la fumée,
» incontinent le feu a été éteint. » Ce bel édifice devait
en effet périr par les flammes ; mais il avait encore
soixante-quatorze ans d'existence , et pendant quinze
ans encore il devait servir aux Réformés. Pendant le
siége de 1628 , au milieu des calamités qui affligeaient
la malheureuse ville, on s'y réunissait toujours pour les
prêches et les prières publiques.

Evénements de Novembre 1628.
Changement de destination.

1628. Le Mercredi, 1er Novembre, eut lieu l'entrée
triomphante de Louis XIII dans La Rochelle ; le jour
même de la Toussaint, où l'Eglise célèbre la fête de
l'*Eglise triomphante*, le Roi fut reçu à l'entrée de la
chapelle de sainte Marguerite, le seul oratoire conservé
aux Catholiques , par Henri d'Escoubleau de Sourdis,
Evêque de Maillezais, nommé à l'Archevêché de Bordeaux. — L'Evêque de Saintes , Mgr Michel Raoul ,
gémissait d'être retenu à Saintes par ses infirmités.
— « Toute la ville s'est trouvée peuplée comme un
» autre Paris, » dit une lettre écrite le jour même par
un des Seigneurs de la suite du Roi, « mais c'était de
» toute la cour et de toute l'armée, car ce qu'il y avait
» d'habitants se cachait, et l'on ne voyait que des
» spectres aux fenêtres. » Le *Mercure français* nous a
conservé le sermon prononcé à Sainte-Marguerite, devant le Roi, Richelieu et la cour, et les impressions de
cette grande journée.

Le Jeudi, 2 Novembre, se firent les prières pour les

Morts ; les messes se succédèrent à Sainte-Marguerite.
On enterra dans cette chapelle l'Evêque de Mende, un
de ceux qui avaient dirigé les travaux de la *Digue*,
mort vers la fin du siége ; on travailla à changer, pour
le lendemain, l'aspect lugubre d'une ville qui avait
tant souffert.

Le Vendredi, 3 Novembre, la procession solennelle
du Saint-Sacrement traversa les principales rues de La
Rochelle. Le Roi avait eu son jour de triomphe ; la
Religion allait avoir le sien. La *fête du Sacre*, comme
on disait alors, devenait une prise de possession, publique, authentique, majestueuse de la *ville hérétique*,
où cette fête avait été interrompue plus de soixante
ans. L'Archevêque de Bordeaux portait le Saint-Sacrement, assisté de deux abbés, sous le dais ; le Roi, et
Richelieu à ses côtés, suivaient le dais ; les coins du
poële étaient portés par deux Ducs et deux Maréchaux
de France. — Les courriers partaient vers toutes les
cours de l'Europe pour annoncer la victoire du Roi de
France et l'humiliation de l'hérésie.

Du 4 au 18 Novembre, le Roi de France séjourna à La
Rochelle, et logea à l'hôtel qui appartenait à la veuve
de Paul Legoux, trésorier de Navarre.

Le 4 Novembre, la flotte anglaise, honteuse de sa
déconvenue et de son inaction, mit à la voile et disparut.

Les 6, 7 et 8, la tempête causa de grands dégâts à
la digue.

Le Samedi, 18 Novembre, le Roi publia sa célèbre
Déclaration qui fixait le sort de la ville vaincue.
Amnistie générale ; le Corps de ville aboli, ses privi-
léges anéantis, ses biens réunis au domaine ; les forti-

fications rasées : telles étaient les principales dispositions. L'Article IX de la Déclaration rendait au Clergé
ses biens, aux Catholiques tous leurs droits, ou, pour
mieux dire, la prépondérance. Il était spécifié « que le
» Grand-Temple, construit par la Réforme sur la
» place du Château, serait transformé en Cathédrale,
» après que Sa Majesté aurait obtenu du Saint-Père,
» que le siége de l'un des Evêchés voisins fût trans-
» féré à La Rochelle. » En attendant, le Roi l'affectait
à l'usage des Catholiques.

Le germe de la création d'un Evêché et d'une Cathédrale était déposé dans un acte solennel de l'autorité royale ; il fallait encore vingt ans pour le voir
éclore. — Le jour où paraissait la *Déclaration*, le Roi
quittait La Rochelle.

La fin de l'année vit démolir les vieilles fortifications
de La Rochelle ; boulevards, bastions, tours crénelées,
tout ce système de défense qui la rendaient une des
places les plus fortes de l'époque, fut nivelé, à l'exception du front de la place du côté de la mer et des trois
tours qui en font encore aujourd'hui le principal
ornement.

Le Grand-Temple servant de Paroisse.
(1629—1648.)

1629. Le roi avait laissé, pour *Commandant aux
armes*, Bertrand de La Hire, marquis de Vignoles ;
pour Intendant de Justice, Gaspard Coignet de la
Thuillerie-les-Dampmartin : Sa Majesté l'avait installé
elle-même. Ce jeune seigneur, d'une famille illustre
dans la Robe, investi de la confiance et des pouvoirs

du roi, exécuta son difficile mandat avec tant de prudence, que, sans rien négliger des ordres du roi, il sut
se concilier l'estime et l'affection des Rochelais. En
1632, il fut nommé ambassadeur à Venise, et illustra,
dans diverses ambassades, une carrière que la mort
arrêta trop tôt (1).

L'administration de M. de la Thuillerie, toute courte
qu'elle fut, suffit pour accomplir les événements les
plus saillants qui marquaient la rentrée du Catholicisme
à La Rochelle.

Les Ordres religieux y affluèrent, comme une milice
propre à garder la conquête. A la tête de ces pacifiques
phalanges, se placèrent les Oratoriens qui, depuis
vingt-cinq ans environ, avaient défendu le terrain, au
milieu des orages des plus mauvais jours. Retranchés
dans leur Chapelle de Sainte-Marguerite, après avoir
uni à perpétuité, à leur maison de l'Oratoire, les trois
principales paroisses de la ville, ils avaient acquis une
large part d'autorité sur les Catholiques, qui avaient su
apprécier leur héroïque dévouement.

Après le siége, aux Oratoriens se joignirent les
Jésuites, les divers rejetons de la tige franciscaine :
Cordeliers, Capucins, Récollets ; les Minimes de Saint-
François-de-Paule, qui, dès 1630, eurent leur église
de *Notre-Dame-de-la-Victoire*, bâtie sur une des

---

(1) Il était âgé de trente-trois ans ; marié le 15 Juillet 1626,
il eut deux de ses enfants baptisés *à Saint-Barthélémy du
Grand-Temple*, ainsi que l'attestent les registres catholiques
conservés à la mairie de La Rochelle. Il mourut dans sa
cinquante-septième année, en 1655.

pointes qui dessinent l'entrée de la baie de La Rochelle ; les Religieux de la Charité ou Frères Hospitaliers de Saint-Jean-de-Dieu, établis à Auffrédy ; les
Augustins, les Carmes, les Dominicains, sur les ruines
de leurs anciens couvents. Les Ursulines vinrent
d'Angers, appelées pour l'instruction des jeunes filles
par les Oratoriens, qui avaient à Saumur leur maison
célèbre de Notre-Dame-des-Ardilliers et des établissements florissants en Anjou. Les Hospitalières, filiation
de l'Hôtel-Dieu de Paris, s'installèrent peu après, pour
le soin des femmes malades. Les Sainte-Claire (1653),
les Religieuses de la Providence (1659), durent leur
établissement au patronage du premier Evêque de La
Rochelle.

La Déclaration du Roi, vérifiée et enregistrée au
Parlement, le 15 Janvier 1629, renfermait le don du
Grand-Temple pour le service du Culte catholique.
Pendant cette année-là, les Oratoriens, comme man-
dataires des Catholiques, travaillèrent à transformer
le lieu du prêche en Eglise ; ils y firent dresser des
autels, y introduisirent les images des Saints, et lui
donnèrent le cachet de la piété catholique. Il y avait
pour eux autant à faire que s'il leur avait fallu trans-
figurer en Eglise une mosquée ou un temple paien.

Le père Jousseaume de l'Oratoire de Jésus, curé de
Saint-Barthélémy, faisant la charge de grand-vicaire
de l'Évêque de Saintes, a eu soin d'inscrire sur ses
registres paroissiaux la prise de possession de cette
nouvelle conquête, qui se fit pacifiquement en 1630.
Nous ne prendrons qu'un extrait de son récit simple et
naïf : « Le service divin a commencé de se faire en

» l'Église Saint-Barthélémy du Grand-Temple , le Di-
» manche des Rameaux. Ledit Temple , qui avoit esté
» basty par les Protestants , a esté par Nous , André
» Jousseaume , curé d'icelle , réconcilié ; et a esté
» donnée l'église, pour servir de paroisse de Saint-
» Barthélémy, par don de Sa Majesté ; et y ont esté
» mis en possession les Prestres de l'Oratoire par
» Monsieur de la Thuillerie , maître des requestes , et
» intendant à la Justice de la dite ville et pays d'Aunis,
» et austres provinces voisines. »

Du côté de l'Epître se trouvait la chapelle de Notre-
Dame , où fut établie la confrérie de Saint-Joseph ; du
côté de l'Evangile, la chapelle du Saint-Sacrement, où
Mgr de Saintes établit une confrérie du Saint-Sacrement. L'autel principal avait été dédié à Saint-Barthélémy , en souvenir de l'ancienne Eglise ruinée et de la
paroisse transférée. A l'époque où Mgr de Laval et
son Chapitre en prirent possession , comme de leur
Cathédrale , on changea cet ancien vocable pour lui
donner le nom de *Saint-Louis*. C'était faire acte de
reconnaissance envers Louis XIII, qui en avait fait don ;
envers Louis XIV qui l'avait confirmé et qui avait procuré la création de l'Evêché ; c'était perpétuer le
souvenir des bienfaits par un acte de piété envers le
saint Roi , dont les vertus avaient jeté tant d'éclat sur
sa dynastie.

A partir de 1630 , toutes les grandes solennités catholiques , tous les actes importants de la Religion se
font à l'Eglise de *Saint-Barthélemy du Grand-Temple ;*
les actes de la vie privée , les actes de la vie publique,
se trouvent confondus dans les registres de cette

époque. Le registre des baptèmes s'ouvre ainsi : « Le
» 16 Avril 1630, en l'Eglise de céans, qui autrefoys
» estoit le Temple des Hugonots (*sic*), fut baptisé
» Gaspard Sauvé, fils d'un Conseiller du Roi. » Les
noms roturiers s'y heurtent pêle-mêle avec les noms
de la noblesse ; le fils d'un maître cordonnier a pour
parrain Messire Amador de la Porte, Chevalier de
l'Ordre de Saint-Jean-de-Jérusalem, Ambassadeur
dudit Ordre en France, Commandant pour Sa Majesté
en la ville et gouvernement de La Rochelle, Brouage,
îles de Ré et Oleron, etc. Pour abréger ses titres,
qu'il suffise de dire que c'était l'oncle de Richelieu,
alors Cardinal-Ministre, alors tout puissant ; la marraine
était Anne de Lescalopier, femme de l'Intendant à la
Justice, Gaspard de la Thuillerie.

Le 6 Mai 1631, les deux mêmes personnages furent
parrains d'une cloche ; mais ce qui ne permet pas de
regarder la chose comme indifférente, c'est « que la-
» dite cloche bénite fust autreffoys à la Maison de Ville
» de La Rochelle, et depuis donnée par le Roy aux
» révérends Prestres de l'Oratoire.... La cloche fut
» nommée Loys, du nom du Roy, par ledit sieur Com-
» mandeur, et la bénédiction fust par nous soubsigné
» faicte. » La cloche qui avait annoncé les *Proclamatz*
séditieux du maire Guitton, allait sonner pour appeler
les Catholiques à l'Eglise.

Le Père Jousseaume ne pouvait manquer de relater
sur ses Registres l'événement public le plus capable de
rehausser sa nouvelle Eglise : c'était la visite d'Anne
d'Autriche, reine de France. Anne d'Autriche voulut,
en revenant des provinces du Midi, visiter La Rochelle,

cette ville dont la renommée avait eu un si grand retentissement dans toute l'Europe. Elle y fit son entrée solennelle le 20 Novembre 1632 : deux ans après le Roi, son époux. La ville s'épuisa en fêtes brillantes. La piété d'Anne d'Autriche et les joies des Catholiques respirent dans les lignes consacrées à cet événement dans les Registres du Père Jousseaume de l'Oratoire :

« La Vigile de la Présentation de Notre-Dame, sur
» les quatres heures après midy, Anne d'Autriche,
» royne de France, et espouse du roy Loys XIIIe, dit
» le Juste, feist son entrée en ceste ville de La Ro-
» chelle... elle veinct descendre en ceste Eglise, où
» elle fut receue par Monseigneur de Xainctes, appelé
» Jaques, (c'était celui qui, seize ans plus tard,
» devait en prendre possession comme premier Evêque
» de La Rochelle), avec quelques Chanoines de son
» Eglise cathédrale, les Prestres de l'Oratoire et
» quelques Curés de la Banlieue. Ledit sieur Evêque
» luy feit la harangue au bas des degrés de la grande
» porte..., près du bénitier, ayant la mître en teste;
» ... elle fust accueillie avec musique, qui chanta le
» *Te Deum*; retourna le lendemain à la Messe en
» ceste Eglise que moy, curé soubsigné, dys, et y
» fust jusques au Mardi, deux heures après midy, où
» elle entendit encore ma Messe en la mesme Eglise;
» elle eust beaucoup de satisfaction de ceste entrée.

» J'ay laissé cecy pour servyr à la postérité.

» Faict le 24 Novembre 1632, le Jeudi après toutes
» les solemnytés accomplies. »

Nous reprochera-t-on d'exhumer une page qui a presque la valeur de nos *Mémoires historiques* de cette époque ? — Partie le 22 Novembre, la Reine n'arriva que le 10 Décembre à Paris, le 11 à Versailles, où était le Roi.

Le 6 Avril 1634, Saint-Barthélemy-du-Grand-Temple s'ouvrit pour une autre entrée solennelle, celle de Léon de Sainte-Maure, comte de Jonzac, lieutenant du Roi ès pays d'Angoumois, Xaintonge et Aunis. « C'estait la » première entrée publique et solennelle des Gouver- » neurs de ceste ville depuis qu'elle estait tombée entre » les mains de l'hérésie ; il est venu descendre en ceste » Eglise (1). » Il y fut reçu en grand apparat par les Catholiques.

Dans l'année 1638, deux faits remarquables intéressent l'histoire générale de la monarchie : la consécration de la France à la sainte Vierge par Louis XIII (Edit du 10 Février) et la naissance du Dauphin (5 Septembre), qui, cinq ans après, commença à régner sous le nom de Louis XIV. La Rochelle se rattache pour une grande part, et par un lien direct, au premier de de ces faits. Dès la prise de La Rochelle, que la politique du temps regardait comme « *la forteresse du Protestantisme, constamment ouverte aux ennemis de la France,* » ou, comme disait Richelieu, « *ce nid d'où avaient coutume d'éclore tous les desseins de la rébellion,* » Louis XIII avait résolu de fonder à Paris une Eglise, sous le nom de Notre-Dame-des-Victoires ; le Roi lui-même avait posé la première pierre, le 9 Décembre 1629. Le pinceau de Carle Vanloo, qui fut plus tard chargé de faire la décoration du sanctuaire,

(1) Registres du P. Jousseaume.

a immortalisé la liaison de ces souvenirs. Des sept
tableaux de cette Eglise, dus à sa palette distinguée par
la suavité, la fraîcheur et le brillant du coloris, six
sont consacrés à l'histoire de saint Augustin, premier
patron du Couvent des *Petits-Pères;* le septième, qui
occupe la place d'honneur, au-dessus du Grand-Autel,
représente Louis XIII à genoux, près des murailles de
La Rochelle, et offrant les clés à Marie. Cet acte
n'était que le prélude de l'acte plus solennel qui, pour
la première fois, se célébra dans toutes les Eglises de
France, le jour de l'Assomption 1638. Nulle part peut-
être, l'élan de la reconnaissance pour Marie, *Secours
des Chrétiens*, ne fut plus ardent que sous les voûtes
du Grand-Temple, conquis sur l'hérésie : La Rochelle
était la cause première de cette grande manifestation.

Le 8 août 1638, Mgr Jacques Raoul, *Evêque de
Saintes*, consacrait l'Eglise des Jésuites de La Rochelle
(aujourd'hui le Lycée); le 26 juin 1650, Mgr Jacques
Raoul, *Evêque de La Rochelle*, consacrait l'Eglise
des Capucins (aujourd'hui le Séminaire) : sa translation
à l'Evêché de Maillezais, et celle de l'Evêché de Maillezais à La Rochelle, s'étaient accomplies dans cet
intervalle.

En 1641, étant encore Evêque de Saintes, il fut
obligé d'user de sa fermeté épiscopale pour réprimer,
à La Rochelle, un abus qui menaçait de dégénérer en
scandale.

Le Présidial, c'est-à-dire la Magistrature royale de
La Rochelle, depuis sa création (1551), avait presque
toujours lutté contre la *Commune*, emportée par
l'esprit de rébellion à l'autorité du Roi : depuis le siége,

cette Cour de Justice appuyait fortement l'élément catholique. Le Présidial avait son *banc* dans l'Egise de Saint - Barthélémy du Grand-Temple ; il assistait *en corps et en costume* aux solennités religieuses. La Cour souveraine des *Salines du Ponant* (1) osa lui disputer les droits de préséance ; un premier conflit eut lieu pendant le *Jubilé* (19 Mai 1641), et s'envenima si bien, que la nouvelle Cour fit enlever d'autorité les bancs des Présidiaux. L'Evêque de Saintes, qui bientôt va devenir le premier Evêque de La Rochelle , fut réduit à recourir aux peines ecclésiastiques ; à la veille des fêtes de Noël (24 Décembre), il prononça « l'inter- » diction de l'Eglise à certains officiers de la Cour des » Salins , pour avoir enlevé des bancs formant la » clôture du chœur, *fait qui n'était pas encore* » *arrivé en cette ville et de mémoire d'homme* (2).»

A la fin de l'année suivante, mourait le Cardinal de Richelieu (4 Décembre 1642). Louis XIII , déjà languissant, ne devait pas survivre six mois à son premier ministre (14 Mai 1643) (3). Vincent-de-Paul l'assistait à sa dernière heure et allait entrer dans le Conseil de conscience de la régente Anne d'Autriche ; Condé, âgé

(1) Créée par un édit de 1639, installée le 9 janvier 1641 , elle fut supprimée par arrèt du mois de Septembre 1643, « et n'a point acquis possession triennaire. » — (*Registre du P. Jousseaume.*)

(2) *Ibid.*

(3) Louis XIII mourut dans sa quarante-deuxième année, après trente-trois ans de règne, le jour de l'Ascension, 14 Mai, le même jour du même mois et presque à la même heure qu'Henri IV, son père.

de vingt-deux ans, gagnait la bataille de Rocroi (19 Mai
1643), que devaient suivre les victoires de Fribourg
(1644) et de Nortlingue (3 Août 1645); le Cardinal Mazarin
devenait premier ministre ; Louis XIV prenait, dans sa
main enfantine, ce sceptre qu'il devait porter avec tant
de gloire pendant soixante-douze ans ; les négociations
commencées pour l'érection du Siége épiscopal de La
Rochelle touchaient à une heureuse solution. L'Evêché
de La Rochelle allait prendre naissance , au moment
où une guerre civile, *la Fronde*, troublait la minorité
de Louis XIV et le ministère de Mazarin, déchirait Paris
et la France.

Il existe dans les archives du Chapitre, débris échap-
pés à l'incendie, aux révolutions et à l'incurie, un
parchemin curieux par la signature. « Sa Majesté , » y
est-il dit, « a voulu , pour témoignage de sa volonté,
» signer de sa main. » Or, cette signature était celle
de Louis XIV enfant : il avait alors huit ans et quelques
jours, étant né à Saint-Germain-en-Laye, le 5 Septembre
1638.

Voici la teneur de ce document , sur lequel allaient
reposer les droits des Evêques et du Chapitre de La
Rochelle , pour être mis en possession exclusive du
Grand-Temple ; nous le transcrivons sur l'original :

« Aujourd'huy IIIIe de Decembre mil six cens quarante-
» six , le Roy estant à Paris, ayant eu cognoissance du des-
» sein qu'avoit eu le feu Roy son seigneur et père lors de la
» réduction de la ville de La Rochelle en son obéissance, de
» faire prier notre très-saint Père le Pape de voulloir ériger
» un Evesché et un Chapitre en la dite ville ou y transférer

» le siége de celuy des environs qui se trouveroit le plus
» commode, et l'érection du dit Evesché et Chapitre n'ayant
» eu effect jusques à présent à cause qu'il ne s'est rencontré
» de bénéffices ny autres biens commodes, de valeur suffi-
» sante au dit lieu ny proche d'iceluy, pour former le dit
» Evesché et Chapitre, Sa Majesté auroit pensé, continuant
» l'exécution d'une si sainte volonté, de transférer en la dite
» ville de La Rochelle le siége de l'Evesché de Maillezais et
» le Chapitre d'iceluy, sécularizé par bulles de Sa Sainteté,
» ce qui semble d'autant plus facile à obtenir qu'elle a desja
» accordé la translation du dit Evesché de Maillezais à Fon-
» tepay-le-Comte, sur ce que le bourg de Maillezais est situé
» dans le marais, qui rend sa demeure mal saine et presque
» inhabitable, et que la dite ville de La Rochelle est lieu
» plus propre et convenable qu'aucun autre du voisinage
» pour recevoir le dit siége Episcopal, Sa dite Majesté, de
» l'avis de la Reine-Régente, sa mère, a arrêté que Sa Sain-
» teté sera suppliée que la dite translation soit faite du dit
» Evesché et Chapitre de Maillezais en la dite ville de La
» Rochelle, et qu'il soit appelé de La Rochelle, et ce faisant
» que la dite ville de La Rochelle et parroisses et deppen-
» dances appellées le Païs d'Aunix soient distraictes de l'E-
» vesché de Xaintes, et uniés et annexées a perpetuité, tant
» pour le temporel que le spirituel au dit Evesché de Mail-
» lezais, pour l'effect de laquelle translation seront envoyés
» les memoires en cour de Rome pour en obtenir de Sa Sain-
» teté les Bulles necessaires a l'instance de Sa dite Majeste,
» laquelle désirant favoriser le dit establissement autant qu'il
» lui sera possible, veut qu'en attendant la construction d'une
» grande Eglise Cathédralle et le bastiment de la maison
» Episcopale, suivant l'intention du feu Roi, le Grand-
» Temple, autres foys possédé par les Huguenots, serve
» d'Eglise Cathédralle, que la maison commune serve de

» logement au dit Evésque, veut aussy Sa dite Majesté que
» le lieu vulgairement appellé la Monnoye et tous autres
» emplacements vuides qui se trouveront aux environs du
» dit Temple et de la Place y joignant, appellée du Chasteau,
» servent à la construction et bastimens des logemens neces-
» saires aux Chanoines particulliers et à ceux qui auront les
» dignités de la dite Eglise, duquel Temple et de la Maison
» Commune, ensemble de la Monnoye et autres emplace-
» mens vuides aux environs dudit Temple, Sa dite Majesté
» en a fait don au dit Evesque et Chapitre, revoquant tous
» dons qui pourroient avoir esté faicts à quelques particu-
» liers, attendu que c'est pour employer à un ouvrage qui va
» entièrement à la gloire de Dieu, et pour l'exécution de tout
» ce que dessus les lettres nécessaires seront expédiées
» touttes fois et quantes en vertu du présent Brevet que Sa
» Majesté a voulu, pour témoigner de sa volonté, signer de
» sa main et être contresigné par moy, son conseiller, se-
» crétaire d'état et de ses commandemens et finances. Louis.
» Plus bas : *Léomenie.*

III.

CRÉATION DE L'ÉVÊCHÉ DE LA ROCHELLE

(1648).

LE GRAND-TEMPLE DEVIENT LA CATHÉDRALE.

Le Pape Urbain VIII, en 1631 (1), avait donné une Bulle, demeurée sans effet, pour la translation de l'Evêché de Maillezais dans la ville de Fontenay-le-Comte. L'abbaye Bénédictine de Maillezais, fondée, en 990, par les comtes de Poitou, avait été érigée en Evêché par le Pape Jean XXII (1317). Elle comptait une généalogie de dix-huit Abbés et de vingt-cinq Evêques. Mais, depuis les guerres de religion, les Evêques titulaires de Maillezais faisaient leur résidence à Fontenay : l'Abbaye avait été dévastée et en partie ruinée par les bandes armées du parti Protestant. Pendant le siège de La Rochelle, Henri d'Escoubleau de Sourdis, troisième frère du Cardinal de ce nom, qu'on appela le *Borromée de la France*, fut transféré de l'Evêché

(1) *XIX Kal. Februarii*, 14 Janvier.

de Maillezais à l'Archevêché de Bordeaux. Henri de
Béthune fut nommé (6 Janvier 1630) pour lui succéder,
et vint résider à Fontenay. C'est alors qu'Urbain VIII
donna sa Bulle pour la translation du siége de Maillezais
à Fontenay ; mais « ce projet suscita d'unanimes
» clameurs, » dit l'historien de cette dernière ville (1),
« et l'égoïste bourgeoisie poussa son opposition jusqu'à
» envoyer des commissaires à Paris, qui devaient
» prier en grâce le Roi de la préserver *d'un accroisse-*
» *ment de population, fait pour enchérir les vivres.*»

Le Cardinal de Richelieu, à son lit de mort, avait
désigné au Roi l'abbé de Beaumont, « comme l'homme
» le plus digne de fonder l'Eglise de La Rochelle, et
» d'y faire triompher la vérité de l'erreur, en qualité
» de premier Evêque de La Rochelle. » Se conformant
à ce vœu, Louis XIII fit expédier, le 28 Février 1643,
à Hardouin de Beaumont de Péréfixe, un brevet qui
l'appelait à l'Evêché de La Rochelle (2). C'était le choix
de Richelieu ; la Providence allait faire réussir celui
de saint Vincent-de-Paul. Richelieu mourut ; l'abbé
de Beaumont, devenu précepteur de Louis XIV, re-
nonça à son titre d'Evêque de la Rochelle. Sacré
Evêque de Rhodez, et confesseur du Roi, il donna sa
démission, ne croyant pas pouvoir, en conscience,

---

(1) Fillon, *Histoire de Fontenay*, t. 1. 279.

(2) M. l'abbé Maynard : *Histoire de St-Vincent-de-Paul*, sa vie,
son temps, ses œuvres, son influence ; Paris, 1860. 4 vol. in-8°.
T. IV, p. 17 : « Mazarin s'opposa surtout à ce qu'on s'emparât de
l'éducation du jeune roi, et il plaça près de lui Hardouin de Péréfixe, plus tard archevêque de Paris. »

remplir en même temps les obligations de la résidence
et celle de l'éducation de son auguste élève. Reçu à
l'Académie (1654), il présenta comme titre littéraire
son *Histoire du roi Henri IV* (1661) ; fait Archevêque
de Paris (1664), il mourut en 1770. Nous avons cru ne
pas pouvoir passer sous silence celui qui , le premier,
porta, dans le monde et à la cour, le titre , *purement
civil* il est vrai , d'Evêque de La Rochelle.

Après la mort de Louis XIII , saint Vincent-de-Paul
était entré au Conseil de conscience de la Régente
qui l'avait de plus chargé de la feuille des bénéfices.
« Les dix ans qu'il demeura au Conseil , » dit son dernier biographe (1) , « marquent le point culminant de
» sa vertu , de son influence et de ses services. » La
Rochelle doit la plus grande reconnaissance à ce Saint,
qui sut aplanir toutes les difficultés pour la création de
l'Evêché, et choisir heureusement son premier Evêque.
Un choix fait par un Saint ne pouvait être qu'un choix
excellent. Laissons parler le biographe de saint Vincent-
de-Paul :

« On procéda avec prudence dans cette affaire très-
» délicate. Henri de Béthune , qui administrait depuis
» dix-huit ans le Diocèse de Maillezais, fut d'abord
» nommé à l'Archevêché de Bordeaux, et il fut rem-
» placé par Jacques Raoul , Evêque de Saintes , de qui
» dépendait alors La Rochelle. C'était un achemine-
» ment ; et en effet, au bout de quinze mois, Jacques
» Raoul fut transféré à La Rochelle , où il réalisa
» toutes les espérances que Vincent-de-Paul , depuis

(1) *Ibid.* III, 395.

» plusieurs annnées en relations avec lui, avait conçues
» de sa capacité et de sa vertu (1). »

Mgr JACQUES RAOUL DE LA GUIBOURGÈRE,
PREMIER ÉVÊQUE DE LA ROCHELLE.
(1648—1661.)

La *Gallia Christiana* nous fait connaître le mérite
du PREMIER EVÊQUE DE LA ROCHELLE : « Jacques Raoul,
» seigneur de la Guibourgère, au comté de Nantes,
» est recommandable à plus d'un titre, mais principa-
» lement pour avoir obtenu par sa sollicitude que La
» Rochelle qui, pendant bien des années, avait été le
» *Boulevard de l'hérésie*, maintenant changée heu-
» reusement, devînt le siége épiscopal d'une Eglise
» catholique ; *et undè impietatis virus distillarat ad*
» *vicinas regiones inficiendas, indè ad amplæ*
» *diœcesis populos sanctioris veritatis fluenta di-*
» *manarent.* »

Jacques Raoul avait passé par bien des degrés avant
d'arriver à l'Evêché de La Rochelle. Né au plus fort du
Protestantisme (1569), mais dans la catholique Bretagne,
il s'illustra d'abord dans des emplois laïcs ; conseiller
au parlement de Rennes (1616), puis sénéchal de
Nantes (1620), il devint maire de cette ville. Trois fois
député par les Etats de Bretagne aux assemblées géné-
rales du royaume, sous Louis XIII, il rendit au Roi et
à l'Etat de si éminents services, que ce prince le fit
entrer à son conseil d'Etat. Michel Raoul, son oncle,
Evêque de Saintes, fatigué par ses infirmités, ayant

(1) *Ibid.* III, 423.

donné sa démission, son neveu, Jacques Raoul fut nommé par Louis XIII à l'Evêché vacant. Sacré Evêque de Saintes, le 11 Janvier 1632, à Nantes, et par l'Evêque de Nantes, il fit son entrée solennelle à Saintes, le 11 Juillet suivant. Pendant les seize années qu'il siégea à Saintes, il vint souvent visiter La Rochelle, la principale ville de son Diocèse ; il assista aux assemblées du clergé de France, pendant les années 1635 et 1645, et fut transféré, en 1646, à l'Evêché de Maillezais, qui ne devenait pour lui qu'un acheminement à l'Evêché de La Rochelle (1).

Le 2 mai 1648, le Pape Innocent X donna sa Bulle : *In supereminenti Ecclesiæ solio* (2). Au mois d'Août suivant, Louis XIV donna ses lettres-patentes pour l'exécution de la Bulle (3), et Mgr Jacques Raoul prit possession de son Siége, par procureur, le 18 Octobre de la même année : ce jour-là, toutes les formalités étaient remplies ; ainsi, le Dimanche, 18 Octobre 1648, jour de la *fête de St-Luc évangéliste*, doit être regardé comme la date de l'existence officielle de l'Evêché de La Rochelle.

A l'issue des Vêpres de la fête, en présence du Présidial et de toutes les autorités de la ville, du P. Jousseaume, curé de Saint-Barthélemy, des Oratoriens, et du

---

(1) *Gall. Christ.* II, col. 1084 et 1377.

(2) *Datum Romæ IV° nonas Maii* (2 Mai). *Pontificatus anno IV°* — *Bullarium magnum. Edit. Luxemburgi.* 1747. T. X, p. 197. — M. Lacurie. *Hist. de Maillezais.* Pièces justif. note CXXV, p. 525.

(3) Elles ne furent enregistrées au Parlement que le 7 septembre 1650.

clergé, la prise de possession se fit, à l'Eglise de *Saint-Barthélemy-du-Grand-Temple*, par M. Olivier Nicolas, prêtre, conseiller du Roi et official de La Rochelle; le tout suivant le cérémonial ordinaire , « par l'entrée » de la porte principale de l'Eglise, oubverture du » tabernacle où est conservé le Saint-Sacrement, et des » fonts baptismaux, avec grande solennité (1). » L'acte authentique fut dressé par Theuleron, notaire, et signé par toutes les personnes de qualité.

Nous ne pouvons pas suivre, dans le détail, l'histoire de l'Evêché de La Rochelle et les actes de son premier Evêque ; nous ne ferons qu'en indiquer, le plus brièvement possible , les actes principaux , afin de ne pas rompre tout à fait la chaîne des événements.

1648. Le nouvel Evêque célèbre à La Rochelle les fêtes de la Toussaint et de Noël.

1649, 9 Mai, fait son entrée à Maillezais, comme Evêque de La Rochelle. L'ancien Chapitre de Maillezais, composé de douze Religieux, refusait de quitter l'habit monastique, d'être sécularisé , et de se rendre à La Rochelle pour constituer le *Chapitre de La Rochelle.*

1650, 18 Mars, il célèbre le premier synode du clergé du Diocèse de La Rochelle.

15 Mai, transaction entre Mgr Jacques Raoul et Mgr de Bassompierre.

« Restait à prévenir, » dit l'historien de saint Vincent-de-Paul, « les contestations qui auraient pu naître entre » les Evêques de La Rochelle et ceux de Saintes, dont » le diocèse était démembré par l'établissement de ce

---

(1) *Registres du P. Jousseaume.*

» nouvel Évêché. Vincent chercha donc pour Saintes
» un Evêque ami de la paix et de la justice, qu'il crut
» trouver en Louis de Bassompierre. En effet, les deux
» Evêques s'abouchèrent à Maillezais, et, par une tran-
» saction (1) homologuée en Parlement, ils étouffèrent
» en germe toute discussion. »

Quatre-vingt-seize paroisses et une grande ville avaient
été ôtées à l'Evêque de Saintes ; les droits de l'Evêque de
Saintes pour cette portion de son diocèse étaient estimés
6,000 livres de rente ; les revenus du Chapitre de Saintes,
qui avait aussi ses redevances en Aunis, étaient esti-
mées à 600 livres ; ceux de l'Archidiacre d'Aunis, à
240 livres ; on prit des sommes égales sur les revenus
de l'ancienne abbaye de Maillezais qui se montaient à
40,000 livres. On y ajouta un droit honorifique : « Pour
» marque de reconnaissance et en l'honneur de la dépen-
» dance qu'ont eue autrefois les Eglises de La Rochelle,
» Isle de Ré et Pays d'Aulnix, de l'Evesché de Xainc-
» tes, l'Evêque de La Rochelle, pour luy et ses succes-
» seurs, promet de bailler et présenter annuellement et
» perpétuellement, le jour de Samedi-Saint, avant l'of-
» fice, à l'Eglise Cathédrale de Saint-Pierre de Xainctes,
» un cierge de cire blanche, auquel sera attaché un
» escu d'or qui appartiendra au seigneur Evesque de
» Xainctes, et le cierge demeurera à l'Eglise. » Ce
souvenir religieux et féodal dura jusqu'à la grande révolution. Le dernier des Coucy le présenta, pour la
dernière fois, à Louis de La Rochefoucault, martyrisé
aux Carmes (2 Septembre 1792).

(1) *Hist. de St-Vincent-de-Paul.* Maynard. III, 525.

La même année, eut lieu la construction de la fontaine royale de la place du Château. Elle était surmontée d'une croix de bronze doré. C'était au pied de cette croix que tous les ans, jusqu'en 1789, se rendit, le 1ᵉʳ Novembre, après les Vêpres de la Toussaint, la procession faite en mémoire de la reddition de la ville. On chantait le *Sub tuum* au pied de ce monument (1), qui portait les armes du premier Evêque.

Par ses soins, La Rochelle commença à réparer ses ruines, et la Religion à y refleurir.

Synodes, visites pastorales, ordonnances, toute l'administration de Mᵍʳ Jacques Raoul le met aux premiers rangs du Clergé de cette grande époque, que dominent les douces et grandes figures de saint François-de-Sales et de saint Vincent-de-Paul, et auxquels se rattachent avec gloire les Bérulle, les Condren, les Bourgoing, les Olier, les Bourdoise, et tant d'autres.

Le 15 Mai 1661, Mᵍʳ Jacques Raoul mourut, à l'âge de soixante-douze ans, après trente ans d'épiscopat, dont treize seulement à La Rochelle.

MONSEIGNEUR HENRI-MARIE DE LAVAL,

SECOND ÉVÊQUE DE LA ROCHELLE
(1661 — 1693).

L'œuvre du premier Evêque n'était pas complète, en ce sens que l'ancien Chapitre de Maillezais ne voulait pas quitter sa résidence, ni modifier sa constitution primitive. Disposé à obéir à la Bulle du Pape, il luttait contre le Parlement au sujet de son temporel. Louis XIV

---

(1) *Eph. Roch.*, p. 11.

qui, depuis dix ans (1651), gouvernait en maître, sup-
portait impatiemment cette résistance à ses volontés ;
mais derrière les douze Bénédictins de Maillezais se
cachait la puissante Congrégation de Saint-Maur,
qui mettait en jeu ses influences personnelles et ses
hautes alliances.

Le Roi nomma à l'Evêché de La Rochelle Henri-
Marie de Laval de Bois-Dauphin. Sa famille, une des
premières de l'Anjou, était alliée aux Colbert ; du côté
paternel et maternel, ses deux grands-pères étaient
Maréchaux de France. Au beau château de Sablé, assis
poétiquement sur les bords de la Sarthe, parmi les
portraits de famille, nous avons retrouvé (1847) celui du
second Evêque de La Rochelle. Henri IV, en 1608, avait
érigé la Seigneurie de Sablé en Marquisat-Pairie ;
l'Evêque Henri de Laval était fils du marquis de Sablé.

Le nom et la famille du nouvel Evêque de La Rochelle avaient donc tout crédit à la cour de Louis XIV ;
son mérite personnel, dit Arcère (1), était encore au-
dessus du grand nom qu'il portait. Doyen de l'Eglise
de Saint-Martin de Tours, à l'âge de trente-deux ans,
il fut nommé Evêque-coadjuteur de St-Pol-de-Léon,
vieille ville assez agréable, mais en Basse-Bretagne.
Sacré à Paris, le 17 Août 1651, il avait déjà dix années
d'épiscopat quand il fut transféré, le 1er Juillet 1661,
à l'Evêché de La Rochelle. La Cour comptait sur lui
pour remporter la victoire sur les résistances de son
Chapitre et compléter, par sa réunion à son Evêque,
l'existence de l'Eglise de La Rochelle.

(1) T. II, p. 408.

Le 20 Mai 1664, Louis XIV donna de nouvelles lettres-patentes ; elles furent enregistrées au Parlement
le 4 Mai 1665. Un autre arrêt du Parlement portait
« que l'établissement d'une Cathédrale dans la ville
» de La Rochelle étoit le fruit le plus glorieux des
» conquêtes de Louis-le-Juste, dont Dieu avoit réservé
» la jouissance à son fils. » L'avocat-général Talon
avait représenté, en plein Parlement, « que le prétexte
» de la tolérance » pour des revenus de bénéfices « ne
» devait pas combattre les pieuses intentions du Roi et
» du Pape et ruiner l'érection d'une Eglise Cathédrale,
» dans la même ville où l'hérésie avait élevé le plus
» superbe temple qu'elle ait eu dans ce royaume ;
» qu'en vain La Rochelle serait honorée de la
» présence d'un Evêque, si la dignité de l'épiscopat
» n'y était accompagnée de la majesté d'un Sénat
» ecclésiastique, composé du nombre des dignités et
» des chanoines, prescrit par les Bulles de sécularisa-
» tion (1). » Les anciens Bénédictins de Maillezais, « qui
» jusque-là avaient fait naître autant de procès qu'ils
» purent trouver de personnes pour seconder leurs
» desseins, » cessèrent toute résistance contre les arrêts : Louis XIV voulait être obéi.

Assuré enfin des dispositions de son Chapitre à la
conciliation, Mgr de Laval se rendit à Maillezais. Mgr
Gilbert III de Clairembaut, Evêque de Poitiers, commissaire nommé par le Pape, s'y rendit aussi de son
côté. Ce fut là que, le 16 Novembre 1666, le commissaire du Saint-Siége fulmina la Bulle, dans les formes

(1) Arrêt du 7 Mars 1665.

voulues, au Chapitre assemblé, enjoignit aux Chanoines composant le nouveau Chapitre, de se rendre sans délai à La Rochelle, pour y faire leur résidence, et aux Chanoines ci-devant réguliers de quitter l'habit de l'ordre de Saint-Benoît. Ce jour-là même, sous des formes amicales, Mgr de Laval assembla ses nouveaux Chanoines dans la salle du château de Maillezais, et convint avec eux du jour où commencerait l'office canonial dans la ville de La Rochelle. Il fut décidé que ce serait aux premières Vêpres de la fête de Noël. La première assemblée capitulaire, tenue à La Rochelle, eut lieu à l'Evêché (1), le 20 Décembre. On y régla tout ce qui concernait les détails de la cérémonie d'installation ; et en effet, le 24 Décembre 1666, le Chapitre vint s'installer solennellement au Grand-Temple ; les premières Vêpres de Noël furent chantées en grande pompe sous les voûtes de Philibert de Lorme. L'Evêque officia pontificalement le lendemain. A dater de ces fêtes, l'Eglise de La Rochelle, constituée selon les formes canoniques, présentait tout ce que requiert une Eglise cathédrale. Conformément à la Bulle d'érection, le Chapitre de La Rochelle se composait primitivement

(1) L'Evêché devait être alors dans la rue Fleuriau (Dompierre) où Mgr De Laval avait acheté, quelques années auparavant, la maison appelée l'*Hôtel des Salins*, et la maison contiguë appelée l'*Hôtel de Voutron*.

En 1675, il les échangea pour le Grand-Logis, situé rue Gargouilleau, (aujourd'hui la Bibliothèque,) acheté par le clergé du diocèse, et en fit son *Evêché*. — En 1773, Mgr de Crussol le rebâtit tel que nous le voyons.

de vingt-neuf membres : 1° de l'Evêque, qui a le premier rang parmi les Chanoines et qui préside le Chapitre (*Cujus Capitulum constat Episcopo, qui Canonicis annumeratur Capituloque præsidet* (1) ; 2° de huit dignités ; 3° de vingt Chanoines. Les Dignitaires du Chapitre, après la sécularisation, étaient le Doyen, le Trésorier, l'Aumônier, le Grand Archidiacre ou Archidiacre de La Rochelle, le second Archidiacre ou Archidiacre de Fontenay, le Chantre, le sous-Chantre, le troisième Archidiacre ou Archidiacre de Bressuire.

La dignité de Chancelier fut abolie par Mgr de Laval et remplacée par celle de troisième Archidiacre (6 Mai 1680). Après l'union de l'Abbaye de Nieul-sur-l'Autise, de l'ordre de Saint-Augustin (1715), la seconde dignité du Chapitre fut celle de l'Abbé. Après l'union de l'Abbaye de l'Absie, il y eut un vingt-unième Chanoine. En sorte qu'à l'époque où Arcère publia son Histoire de La Rochelle (1756), il avait raison de dire : le Chapitre se compose de neuf dignités et de vingt-un Chanoines.

La dignité de Doyen était à l'élection du Chapitre ; le Roi nommait à la seconde dignité, celle de l'*Abbé*. Les autres dignités et Canonicats étaient conférés par l'Evêque, à l'exception du vingt-unième Canonicat, qui était à la présentation de M. l'*Abbé* de l'Absie. Le Chapitre de La Rochelle avait de beaux et grands revenus, la plupart en fonds de terres, sur les bords de l'Autise et de la Sèvre Niortaise, et, de plus, le centain sur toutes les Paroisses de l'Aunis. Deux prébendes étaient affectées aux deux Théologaux : un d'entre eux

(1) *Gall. Christ. II*, col. 1378.

enseignait la Théologie au Grand-Séminaire jusqu'au
moment où les Pères Jésuites en prirent la direction
(1664-1694).

A peine le Chapitre eut-il pris possession pleine et
entière de sa nouvelle Cathédrale, qu'il la plaça sous
le vocable de saint Louis, et fit connaître aux marguilliers de la paroisse de Saint-Barthélémy, qu'aux termes
du Brevet de Louis XIV, le Grand-Temple était donné
exclusivement à l'Evêque et à son Chapitre. — C'était
la loi : *Dura lex, sed lex.* — Depuis 1630, la Paroisse
de Saint-Barthélémy, installée au Grand-Temple, s'y
trouvait à merveille, et, après trente-six ans de paisible
jouissance, elle subissait avec amertume la rigueur du
droit. D'abord elle se refugia dans la Chapelle de Sainte-
Anne (1).

Le 27 Avril 1667, Mgr de Laval publia une ordonnance qui assurait au nouveau Chapitre son rang et ses
droits de préséance dans les cérémonies religieuses, et
notamment aux processions. Elle commençait ainsi :

« Ayant enfin, par une assistance toute particulière
» de Dieu, et par la protection de Sa Majesté, établi
» en cette ville le Chapitre de notre Cathédrale, et
» désirant qu'il contribue à l'édification de tous les

(1) La petite Chapelle de Sainte-Anne était l'ancienne Chapelle
de l'ancien Château de La Rochelle, débris épargnés en 1573.
Les Rochelais en avaient fait, pendant les jours de troubles, un
magasin d'artillerie ; elle était rentrée, à la pacification, dans le
Domaine du Roi ; les officiers du Roi l'abandonnèrent volontiers
à la paroisse exilée et errante. Elle y était trop à l'étroit pour
s'y fixer longtemps.

» Catholiques , Nous vous mandons et enjoignons, par
» cette présente Ordonnance , que vous ayez , suivant
» la coutume pratiquée de tout temps aux processions
» des Rogations , à vous trouver dans l'Eglise de
» Saint-Louis , notre Cathédrale , pendant les trois
» jours des Rogations , pour accompagner en proces-
» sion notre Eglise Cathédrale dans les lieux où elle
» fera les processions. »

La paroisse exilée du Grand-Temple , trop à l'étroit
dans la chapelle de Sainte-Anne, fut obligée de s'impo-
ser d'énormes sacrifices. Au mois d'Août 1668, on posa
la première pierre pour la reconstruction de l'Eglise de
Saint-Barthélémy, sur les ruines de l'ancienne Eglise du
même nom, détruite cent ans auparavant (Janv. 1568).
La paroisse était loin d'avoir les fonds nécessaires pour
mener l'œuvre à bonne fin. L'autorité lui vint en aide.
Un arrêt du conseil d'Etat (1) ordonna « une imposition
» de 30,000 livres, en quatre années, sur les loyers et
» revenus des maisons, territoires et rentes foncières
» étant dans la paroisse de Saint-Barthélémy, pour être
» la dite somme employée au rétablissement de l'Eglise
» paroissiale dont l'édification avait été commencée et
» discontinuée faute de fonds. » — Elle devait durer
dix ans (1668-1678) ; et pendant ces dix ans la paroisse
errante changea trois fois d'asyle.

Abandonnant la chapelle trop étroite de Sainte-Anne,
elle se réfugia chez les Révérends Pères Augustins, qui,
depuis huit ans, jouissaient de l'Eglise qu'ils venaient
de faire rebâtir telle que nous la voyons aujourd'hui,

(1) 15 mars 1669 — (G. 5, 65.)

et y resta près de cinq ans (1). Au bout de cinq années, cette diversité d'offices, d'heures, de petits intérêts, finissant par gêner les Augustins, la paroisse Saint-Barthélemy vint se fixer à Sainte-Marguerite, qui, dans les années précédentes, avait été réparée, agrandie (1664), décorée par les Oratoriens qui faisaient, à son ombre, leur principale résidence. Cinq années (1673-1678) s'écoulèrent encore avant que la paroisse de Saint-Barthélémy pût quitter l'enceinte de la Chapelle de Sainte-Marguerite. Enfin, elle eut son jour de joie et de fête : elle entra dans sa nouvelle Eglise paroissiale, le 20 Juin 1678, qui était le Dimanche dans l'octave de la Fête-Dieu.

Cette nouvelle Eglise, réédifiée sur les ruines de l'ancienne, détruite par le Protestantisme en 1568, était dans une autre orientation. Cette disposition nouvelle tenait sans doute à des raisons d'économie, basées sur ce qui restait de quelques fondations ou pans de murailles, peut-être aussi à des questions de sépulture et de cimetière. Depuis 1628, les Catholiques de la paroisse s'étaient créé, sur le terrain vague de leur ancienne Eglise, trois petits cimetières, de quelques toises carrées chacun : on voulut respecter ce que la mort avait consacré, et ne pas troubler de fraîches sépultures.

Quelques jours après, la paix de Nimègue mettait fin à sept années de guerre, où la France avait « compté

(1) La première pierre de l'Eglise des Augustins fut posée le 21 Décembre 1654. La dédicace eut lieu au mois de Mai 1660, pendant les solennités de la Pentecôte.

ses jours par ses victoires. » *Le Grand Roi* était au faîte de sa puissance ; il rêvait les splendeurs de Versailles.

Le 9 Novembre 1681 , avait eu lieu l'ouverture de l'assemblée du Clergé de France. Bossuet y avait prêché, pour discours d'ouverture, son sermon *sur l'Unité de l'Eglise*. Lorsque l'assemblée qui, pendant plusieurs mois de travaux, avait élaboré *la Déclaration de 1682*, fut sur le point de se séparer , parmi les signataires de cet acte célèbre , immédiatement après les Archevêques , vinrent signer Jacques Bénigne , Evêque de Meaux : c'était Bossuet , l'oracle et le génie de l'assemblée ; et tout à côté de lui : Henri de Laval, Evêque de La Rochelle. Plus bas , signa un simple chanoine de Montpellier , député de son Chapitre : c'était André Hercule de Fleury , plus tard précepteur de Louis XV, Cardinal et premier Ministre , protecteur insigne de l'Eglise de La Rochelle , comme nous le verrons. Pendant l'assemblée de 1682, Mgr Henri de Laval avait été un des trois Prélats médiateurs entre Bossuet et l'Abbesse de Farmoutier.

Cette célèbre assemblée avait adressé un avertissement pastoral aux Consistoires du Royaume (1er Juillet 1682). Il fut signifié à celui de La Rochelle par Mgr de Laval , qui vint en personne *au Temple de la Ville-Neuve*, accompagné de l'Intendant. Après avoir expulsé les Protestants du Grand-Temple, Louis XIII leur avait concédé un terrain dans *la Prée Maubec*, enfermée dans l'enceinte de la ville , et nommée pour cette raison *la Ville-Neuve* (1615). Le *prêche* se faisait dans ce lieu depuis cinquante-cinq ans , lorsque parut la *Révoca-*

tion de l'Edit de Nantes. Les Protestants virent démolir, en cinq jours, leur second Temple, beaucoup moins vaste et bien plus simple que le premier. Bientôt après, le premier, devenu la Cathédrale catholique, allait disparaître dans les flammes (1).

(1) Le premier prêche fut fait au *Temple de la Ville-Neuve*, le 30 Novembre 1630. Le dernier, le 14 Juillet 1684. Ce Temple fut démoli le 1er Mars 1685. L'hôpital général de Saint-Louis est aujourd'hui bâti sur cet emplacement.

DESTRUCTION DE LA PREMIÈRE CATHÉDRALE

(9 FÉVRIER 1687).

Nous avons renvoyé à dessein la *description* du Grand-Temple , première Cathédrale de La Rochelle , jusqu'au jour néfaste de sa *destruction*. Le lecteur , il nous semble, sera mieux à portée de mesurer l'étendue de la perte que faisaient l'Evêque et son Chapitre , ainsi que la ville et le Diocèse ; il appréciera mieux la désolation générale que répandit ce triste événement.

« Le Grand-Temple, *devenu la Cathédrale de Messeigneurs Jacques Raoul et Henri de Laval*, (1648-1687), formait un octogone allongé (1), ayant près de

(1) Cette description est empruntée mot pour mot aux *Ephémérides Rochelaises* de notre ami M. J. B. E. J. Son livre est l'indication irrécusable des immenses et patientes recherches auxquelles il s'est livré sur l'histoire de notre ville. Il a fait, surtout pour la partie topographique, les travaux les plus complets et les plus dignes d'éloge. Il lui reste encore à nous faire profiter des

vingt toises de longueur et quinze de largeur, avec une
toîture plus grande que le corps de l'édifice lui-même
et entièrement recouverte de plomb. Deux grandes
portes, élevées de deux marches, ouvraient, l'une sur
la rue de Chaudellerie (1) et l'autre sur la place ; elles
étaient encadrées entre deux très hautes colonnes
d'ordre corinthien , supportant un entablement dont la
frise sculptée se continuait autour de l'édifice, ainsi
qu'une large corniche à modillons, et qui était cou-
ronné par un large fronton semi-circulaire, surmonté
de l'écusson de France. Au-dessous de l'entablement
étaient sculptées les armoiries de La Rochelle et celles
du maire Guillemin, et plus bas une inscription, dont
les termes ne nous ont pas été conservés. Chacun des
huit pans de l'édifice se terminait par un double pilastre
d'ordre corinthien. Au milieu du côté du sud, et plaqué
contre la muraille, s'élevait un clocher, aussi de forme
octogonale, se terminant en dôme et surmonté d'un
petit campanille à jour, où devait se trouver une cloche (2). On admirait surtout l'immense charpente, qui
*n'estoit supportée d'aucuns piliers, mais soutenue
par deux clefs de bois d'une riche invention et artifice* ; elle était recouverte par un immense *tillis* , qui
s'élevait en forme de dôme , à dix toises de hauteur...

richesses de son *Album* et de ses notes. — Sa description du
Grand-Temple, tirée de nos chroniqueurs Rochelais, à l'avantage
d'être fidèle, ajoute celui d'être très-élégante.

(1) Voir le plan.

(2) Nous avons vu qu'en 1631 , les Catholiques y firent placer
la cloche qui *était autrefois à l'Hôtel-de-Ville.* — V. p. 26.

Enfin, ce monument, dit Mervault, « tant par sa gran-
» deur et architecture que par son admirable char-
» pente, est estimé de tous ceux qui le voient pour un
» des plus beaux chefs-d'œuvre qui puissent se voir. »
Ce qui est à peine croyable et cependant affirmé par
Merlin, c'est que, *la clef à la main*, il ne coûta que
40,000 livres. »

Les Catholiques et surtout le Chapitre, depuis vingt
ans qu'il y était installé, y avaient fait de grands embellissements intérieurs. Les autels et leurs rétables, les
stalles, la chaire, le trône épiscopal, les orgues, les tableaux, les statues, formaient une riche décoration de
cette vaste enceinte ; les grandes solennités du culte
Catholique s'y faisaient avec une pompe extraordinaire.
— Un seul jour suffit pour tout détruire.

En 1686, Louis XIV était tombé dangereusement
malade. La maladie du *grand Roi*, qui n'avait alors
que quarante-huit ans, avait alarmé tous ses sujets et
fait connaître à l'Europe entière l'attachement qu'ils
avaient pour lui. Le grand Condé venait de mourir
(11 Déc. 1686). Louis XIV, en voyant la mort frapper à
côté de lui un *grand guerrier*, avait compris qu'elle
n'épargne pas les *grands Rois*. Aussi, reconnaissant
du bienfait de la santé qui lui avait été rendue, Louis XIV
vint à Notre-Dame de Paris (30 Janvier 1687), pour
rendre de publiques et solennelles actions de grâces.
Le soir, il assista à un grand dîner à l'Hôtel-de-Ville.
La Rochelle voulut aussi manifester son allégresse du
rétablissement du Roi. Le Dimanche, 9 Février, à la
nuit, on alluma sur la place d'Armes un grand feu de
joie, autour duquel les milices bourgeoises et la popu-

lation étaient réunies. Le vent, qui était très-fort, porta, dit-on, des étincelles dans les combles où se croisaient les énormes pièces de la charpente. Cependant, on pouvait croire l'édifice à l'abri sous sa calotte de plomb. Le feu couva pendant la nuit et fit des progrès sans éveiller l'attention publique. Mais le lendemain, vers dix heures du matin, éclata, en plein jour, l'incendie le plus terrible. A peine le fléau s'était-il révélé, qu'on reconnut tout secours impossible. La flamme éclatant, à cette hauteur, fondait les plombs de la toiture et versait une pluie de feu qui déconcertait les plus intrépides en les forçant à se tenir à distance de ce vaste brasier (1). Les Chanoines purent cependant sauver le Saint-Sacrement et quelques ornements de leur Eglise. Mais bientôt les poutres embrasées tombèrent dans l'intérieur et y allumèrent comme un second incendie. C'en était fait du chef-d'œuvre de l'architecte des Tuileries! L'édifice, dont les pierres éclataient sous la violence des flammes, ne présenta plus que des murailles calcinées, noircies, dentelées, qui ne pouvaient pas supporter une restauration.

« Le bruit courut que, profitant des décharges de mousqueterie faites par les milices bourgeoises, un Huguenot, mécontent de voir le temple construit par ses ancêtres servir au culte Catholique, avait mis dans son fusil « *une balle pleine d'artifice*, qu'il avait dirigée

(1) Dupont: *Hist. de La Rochelle*, p. 500. « Toutefois, des matelots Bayonnais osèrent encore se risquer dans cette mer de feu... Ils obtinrent 108 livres de récompense pour le courage qu'ils avaient montré.

sous la charpente (1). » « Les Catholiques, dit Dupont, accusèrent les Protestants de ce malheur, et prétendirent qu'ils avaient mis méchamment le feu au Temple. Cette calomnie fut le signal de nouvelles persécutions. » Ces récriminations réciproques fomentèrent l'esprit d'animosité et d'hostilité déjà surexcité par la révocation de l'édit de Nantes.

La désolation était dans le cœur de Mgr de Laval, de ses Chanoines, de tous ses Prêtres, de tous les Catholiques de la ville : La Rochelle n'avait plus de Cathédrale ! Février 1687 renouvelait les douleurs de Janvier 1568. Le vieux Catholicisme rochelais avait vu saper, brûler, détruire ses Eglises ; le nouveau Diocèse voyait l'incendie dévorer en quelques heures sa Cathédrale. Et quelle Cathédrale !!! un monument conquis sur l'hérésie, un témoin de la victoire du Catholicisme, longtemps proscrit, un sanctuaire déjà embelli suivant sa destination nouvelle, un asyle qui avait été comme le berceau de l'*Eglise Rochelaise*, un lieu sanctifié par près de soixante années d'oblation des mystères Catholiques et de solennités religieuses !

Les fêtes de Pâques se firent tristement dans la nouvelle Eglise de Saint-Barthélémy. Singulières destinées de ces deux institutions, qui, plus tard, devaient s'unir étroitement ! La Paroisse avait joui de la future Cathédrale pendant trente-huit ans (1629-1666) ; à peine le nom de Cathédrale Saint-Louis est-il écrit au fronton de l'édifice, que la Paroisse est réduite à promener, çà et là, pendant onze ans, sa mauvaise fortune

(1) *Eph. Roch.* p. 33.

(1667-1678) ; dix années ne se sont pas encore écoulées depuis qu'elle jouit du prix de ses sacrifices, que le Chapitre est réduit à son tour à lui tendre la main pour obtenir cette communauté d'asyle, qui lui avait paru à charge. — Ici, la nécessité fit la loi. — L'Evêque partit pour ses tournées pastorales, laissant son Chapitre réfugié à Saint-Barthélémy. Les uns et les autres avaient fait connaître à la Cour le malheur qui les avait frappés. La Cour, par un ordre du 24 Novembre, autorisa la vente de ce qui restait de vingt-cinq milliers de plomb, *au profit de la nouvelle Cathédrale.* Ce mot renfermait une espérance qui n'était guère qu'un mirage trompeur : il s'écoulera encore plus de cinquante ans (1687 à 1742) avant que la première pierre du nouvel édifice ne soit posée ; près d'un siècle (97 ans) avant que le premier office n'y soit célébré (1784).

La dernière partie du règne de Louis XIV ne devait pas être la plus brillante et la plus heureuse. Le Roi venait de déclarer la guerre à la Hollande (3 Décembre 1688) ; peu après (29 Juin 1689), à l'Angleterre. Tourville, d'Estrées, le comte de Château-Renaud, Duguay-Trouin, faisaient des prodiges sur mer ; le maréchal de Luxembourg, Catinat, Boufflers, soutenaient la gloire de nos armes, à Fleurus (1er Juillet 1690), Steinkerque (4 Août 1692), Nervindes (29 Juillet 1693), et à la Marsaille, contre les puissances liguées (*Ligue d'Augsbourg*). La mort de Louvois (16 Juillet 1691) coïncidait avec la détresse des finances du Roi. Avec cinq ou six armées sur pied, des flottes immenses, des arsenaux à pourvoir, des villes à fortifier, on dépassait de beaucoup les revenus, et on endettait la France. Le Roi

avait fait fortifier Brest à la moderne , sur les plans
de Vauban. On parlait dans ses conseils de détruire La
Rochelle, de transplanter ses habitants plus avant dans
les terres, et avec les ruines des maisons de protéger
contre une descente ce point vulnérable du littoral.
Heureusement pour elle, l'ingénieur-général des fortifications de la Loire aux Pyrénées, M. Ferry, promit de
mettre rapidement La Rochelle en état de défense. On
commença les travaux le 29 Mars 1689. Vauban , par
jalousie peut-être, réduisit les travaux et amoindrit le
projet. En 1704 , les fortifications n'étaient qu'aux
deux tiers, et cependant on avait dépensé 1,291,037
livres.

C'est alors qu'on fit disparaître les derniers vestiges
du Grand-Temple et ses murailles calcinées par l'incendie. Les premières assises de ses fondations s'en-
sevelirent sous le nivellement de la place d'Armes, qui
s'aggrandit alors de tout le périmètre du Grand-Temple,
de celui de la chapelle Sainte-Anne et de son cimetière,
et de l'ancien hôtel des Monnaies. On y planta ces
rangées d'arbres dont plusieurs embellissent encore
aujourd'hui ce vaste carré.

Depuis la révocation de l'édit de Nantes (22 Oct.
1685), sur les ruines du temple de la Villeneuve démoli par ordre du Roi, avait été bâti ce nouvel *Hôtel-
Dieu* que nous appelons aujourd'hui l'Hopital-Général
de Saint-Louis. La chapelle de cet établissement
était à peine terminée, lorsque mourut Mgr de Laval ;
c'est là qu'il voulut être enterré. Sur ce même sol, en
1682, il était venu manifester aux Ministres protestants
les volontés royales et les avertissements de l'assem-

blée du Clergé ; sur ce même sol, il venait reposer dans la tombe parmi les pauvres qu'il avait beaucoup aimés. (Arc. II, 487).

Mgr de Laval mourut le 22 Novembre 1693 , à l'âge de soixante-quatorze ans, après quarante-deux ans d'épiscopat, dont dix années à Saint-Pol-de-Léon, et trente-deux à La Rochelle ; Episcopat digne des plus grands éloges, si l'on n'était obligé de faire des réserves au sujet de certaines affinités trop favorables aux tendances Jansénistes.

V

DIVERS PROJETS

POUR LA CONSTRUCTION DE LA CATHÉDRALE ACTUELLE

(1687—1742).

Il n'était pas si facile qu'on le croyait d'abord de
réparer l'immense malheur qu'on déplorait toujours.
Trois ans après l'incendie de sa Cathédrale, Mgr de
Laval avait obtenu du Roi l'emplacement où était le
Temple de la Ville-Neuve, démoli l'année de la *Révocation de l'Edit de Nantes*. Il pensait y jeter au moins
les premières assises d'une nouvelle Cathédrale, et
même des piquets furent plantés (1690), indiquant les
limites de la future construction. Mais les revers des
dernières années de Louis XIV, le mauvais état des
finances, bien des considérations puissantes firent
renoncer à cet espoir. — Les trois successeurs de Mgr de
Laval ne devaient pas avoir d'autre Cathédrale que
l'Eglise de Saint-Barthélémy, à laquelle ils avaient

demandé asile. Nous signalerons les efforts tentés et les divers projets formés pour sortir de cette situation si triste et si précaire.

Mgr CHARLES-MADELEINE DE LA FRÉZELIÈRE,
TROISIÈME ÉVÊQUE DE LA ROCHELLE
(1693—1702).

La veille de Noël 1693, Louis XIV nomma à l'Evêché de La Rochelle Charles-Madeleine Frezeau de la Fréze-lière, d'une des vieilles et des plus illustres familles de l'Anjou. Son père était lieutenant-général des armées du Roi, et lieutenant-général de l'artillerie de France. Le jeune Charles-Madeleine, d'abord page du Roi, servit cinq ans sous son père. Après avoir vu trois de ses frères mourir héroïquement sur les champs de bataille, il fut nommé colonel du régiment de dragons qui portait le nom de sa famille, et servit encore quelque temps. Mais la paix de Nimègue lui permit bientôt de renoncer à la carrière militaire et de suivre de plus saintes inspirations, qu'il nourrissait en secret depuis la mort de ses frères. A vingt-cinq ans, le jeune colonel de dragons, embrassant l'état ecclésiastique, prit ses degrés en théologie, fut reçu docteur de Sorbonne, nommé à l'abbaye de Saint-Sever, et enfin vicaire-général de Strasbourg. Préparé par dix ans d'études et de vie ecclésiastique au gouvernement d'un diocèse, il fut nommé à l'Evêché de La Rochelle, à l'âge de trente-cinq à trente-six ans (1).

___

(1) D'après l'auteur d'un *Mémoire généalogique manuscrit*, qui dit avoir eu entre les mains « toutes les preuves les plus authen-

Sacré à Paris, le 27 Juin 1694, dans l'Eglise du Noviciat des Jésuites, il fit son entrée à La Rochelle, le 6 Août suivant, vers les cinq heures du matin. Dès le 13 du même mois, il confia son Grand-Séminaire aux Pères Jésuites, qui avaient déjà un collége florissant dans sa ville épiscopale. Les liaisons du nouvel Evêque avec les Jésuites montraient son éloignement pour les doctrines Jansénistes. Les Oratoriens de France et surtout ceux de Belgique étaient entachés de Jansénisme; ceux de La Rochelle, sous la conduite d'Evêques tels que M. de la Frezelière et M. de Champflour, surent se préserver de ces écarts.

Les premiers actes d'un Evêque jeune encore, et habitué dans sa jeunesse au commandement militaire, révélèrent toute son activité. Le projet de rebâtir sa Cathédrale fut au premier rang parmi ceux qu'il embrassa avec le plus d'ardeur ; mais cette ardeur vint se briser contre la force des circonstances. Presque en même temps que l'Evêque, le maréchal d'Estrées vint à La Rochelle pour organiser la défense (1). L'intrépide Jean Bart avait eu divers succès sur les Anglais (Juin); ils brûlaient du désir de prendre leur revanche ; La

» liques qu'on puisse désirer. » Msgr de la Frézelière serait né en 1657 et mort à quarante-cinq ans. — Le *Rituel de La Rochelle* dit quarante-huit ans ; mais ce n'est pas la seule faute qu'on puisse signaler dans cette courte *Notice sur les Evêques*. Elle fait mourir à soixante-onze ans Msgr de Crussol, mort à cinquante-quatre ans, d'après les titres officiels du Greffe et les *Affiches Rochelaises* du temps.

(1) Daniel, XVI, 290.

Rochelle pouvait d'un jour à l'autre être menacée. On établit une capitation générale pour soutenir la guerre. Dans de pareilles circonstances, Mgr de la Frézelière jugea sagement qu'il fallait attendre, et, pour fixer un état provisoire qui menaçait de se prolonger, fit un réglement sur les principales difficultés que soulevait la réunion sous un même toît du Chapitre et de la Paroisse. Ce réglement fut intitulé : « Accord fait entre » Mgr l'Evêque de La Rochelle, le Chapitre de l'Eglise » Cathédrale, Monsieur le curé de Saint-Barthélémy, » et Messieurs les Marguilliers de la dite paroisse, » pour y faire l'office de Cathédrale, *jusqu'à ce qu'il* » *y ait une Eglise Cathedrale.* » Par l'article premier le Curé (1), « comme Chanoine honoraire, et en la dite qualité, avait la seconde place parmy les chanoines du costé droit, après *le Doyen* et *l'Abbé* (9 Sept. 1694).»

Malgré les difficultés de la saison, Mgr de la Frézelière se mit à parcourir son Diocèse : l'île de Ré, les paroisses de La Rochelle, le pays d'Aunis, le district de Maillezais. Le Diocèse se composait de trois cent trente-une paroisses (2). Pendant les neuf années de son Episcopat, il les parcourut toutes au moins deux fois, toujours à cheval; les mauvais [chemins et la

_____

(1) Le Père Texier, de l'Oratoire.

(2) Nous adoptons le chiffre donné par Arcère. La *Gallia Christiana* dit quatre cent vingt-cinq : ce doit être une faute. Un *Pouillé* officiel de 1753 en nomme trois cent vingt-une, divisées en quarante-quatre conférences. En y ajoutant les cinq paroisses de la ville, et en défalquant de petites paroisses supprimées, nous arrivons au chiffre donné par Arcère. (II. 486.)

mauvaise saison ne l'arrêtèrent presque jamais ; seulement, pour les grandes solennités il revenait à La Rochelle. Les procès-verbaux des visites pastorales de ce pieux et intrépide Evêque sont le monument le plus complet de son zèle ; et ce monument a été dressé jour par jour et sans faste.

Cependant, les soins donnés à la visite des paroisses ne lui faisaient pas perdre de vue le grand projet de la reconstruction de sa Cathédrale. Le 1er Février 1695, il obtint un arrêt du Conseil d'Etat, qui fixait l'emplacement de la future Cathédrale « dans la pénin- » sule qui est entre la rue Dompierre et la rue » Gargouilleau. » Le terrain se trouvait parfaitement choisi, entre l'Evêché et le Grand-Séminaire ; l'entrée devait faire face à la place d'Armes. Il y avait dix-huit maisons, les trois quarts en bois, à démolir ; on y comprenait *la place* dite *de Jérusalem* (1). Le plan devait être dressé par le sieur Gioval, ingénieur à La Rochelle ; l'Intendant de la Généralité, Michel Begon, devait être l'arbitre des indemnités à payer et des questions secondaires. Ce projet (et c'était déjà le second) paraissàit en bonne voie ; les calamités publiques vinrent encore l'entraver. Deux années de suite, les flottes anglaises vinrent bombarder les villes maritimes de notre littoral (2). La paix de Riswick

(1) *Eph. Roeh.* p. 418, note.

(2) En Juillet 1695, ils avaient bombardé Saint-Malo,. Dunkerque, Calais ; le 15 août 1696, une flotte ennemie entra dans le Pertuis-Breton et menaça la citadelle de Saint-Martin (île de Ré). Son apparition subite jeta le trouble sur toutes nos côtes. Mgr de

(30 Octobre 1697), en l'honneur de laquelle il y eut
un *Te Deum* chanté en grande pompe, *en l'Eglise de
Saint-Barthélémy qui sert de Cathédrale* (1), fut
bientôt suivie de *la guerre de la succession d'Espagne;* le feu de la guerre fut rallumé sur toutes nos
frontières à la fois : La Rochelle, au lieu d'entre-
prendre des *Cathédrales*, bâtissait ses casernes (2),
fortifiait ses portes et ses remparts.

L'impossibilité de bâtir devenant de jour en jour
plus évidente pour Mgr de la Frézelière et son Chapitre,
ils songèrent à faire de l'Eglise Saint-Barthélémy,
*qui jusque-là avait servi de Cathédrale, à titre
provisoire*, l'Eglise cathérale de Saint-Louis, à titre
définitif. Cette tentative souleva comme une tempête
dans la paroisse. Le *manuscrit Maudet* la raconte en
ces termes : « Le Samedi, 10 Juin 1702, M. de Frezeau,
» Evêque de La Rochelle, ayant fait porter à la
» Chapelle de Notre-Dame (3) le Tabernacle qui était

la Frézelière, qui, à l'annonce du danger, avait interrompu ses
visites pastorales, et, du fond de la Vendée, était accouru à La
Rochelle, avec le sang-froid et l'expérience d'un ancien *colonel
de dragons,* organisa la défense et donna des ordres aux milices
Rochelaises. Dupont (*Hist. de La Roch.* p. 506), lui met le *sabre
au poing,* transformant le plus noble patriotisme en une sorte de
silhouette à la *Dom-Quichotte.* — Ce ridicule n'a d'existence que
dans la tête de l'historien.

(1) *Bibl. Roch.* 24, 181.

(2) La porte Dauphine date de 1699. Les casernes qui sont de
chaque côté de cette porte, commencées en 1702, furent achevées
en 1705.

(3) C'est-à-dire à un des petits autels latéraux, mais toujours

» sur le grand-autel de l'Eglise paroissiale de Saint-
» Barthélémy, disant avoir ordre du Roi de prendre
» ladite Eglise pour Cathédrale, et que désormais elle
» s'appellerait Saint-Louis, les Marguilliers et Parois-
» siens s'opposèrent à cette usurpation, avec tumulte,
» en l'Eglise, l'après-midi, sur les quatre heures.
» C'est pourquoi M. l'Evêque fit de grandes menaces
» aux Marguilliers de ce qu'ils résistaient aux volontés
» du Roi. » Malgré la sécheresse ordinaire de son
journal, *Maudet* laisse transpercer le mécontentement
qui anime sa phrase. Cette Eglise, dit-il, « les parois-
» siens l'ont rebâtie à leurs frais; on y a fait mettre des
» orgues acquittées par les paroissiens ; Marie Bouru-
» guin, ma belle-mère, avait payé un *vitrau* (sic), fait
» faire et orner la chapelle de Sainte-Anne, du côté des
» Ursulines, au-devant de laquelle elle a été enterrée,
» et tous les paroissiens avaient volontairement contri-
» bué à rétablir ladite Eglise (1). » Puis il ajoute ce
trait de bonhomie mêlée à un dépit à moitié étouffé :
« M. Texier, prêtre de l'Oratoire, notre curé, avait, il
» y a quelques années, porté les habitants à permettre
» aux Chanoines de faire leur office dans ladite Eglise ;
» je m'y opposai, et dis : *que s'ils y entraient, ils*
» *nous mettraient dehors.* Ce qui est arrivé avec in-

---

dans la même Eglise de Saint-Barthélemy. Celui de la Sainte-
Vierge était du côté de la rue de la Charité et de l'hôpital
d'Auffrédi. Dupont, avec une maladresse insigne, dit que
*l'Evêque s'empara de l'Eglise de Notre-Dame pour en faire sa
Cathédrale.*

(1) Bibl. Roch., 24, 190.

» justice : si bien que les paroissiens de Saint-Barthélé-
» my n'ont plus d'Eglise, après avoir possédé huit cents
» ans celle qu'on leur a aujourd'hui ôtée. » Le bon
bourgeois gonflait ses chiffres et confondait les époques
au gré de sa rhétorique. Commencée en 1152, détruite
en 1568, la première Eglise, construite par Pierre de
Mogon, moine-architecte de l'Ordre de Cluny, avait
duré 416 ans, de compte fait. La seconde, commencée
en 1668, inaugurée le 20 Juin 1678, n'avait pas tout-à-
fait révolu sa vingt-quatrième année.

Cette résistance aveugle, tumultueuse, ne prenant
conseil que d'intérêts mal compris, témoignait un attachement profond et même excessif des paroissiens pour
« leur Eglise. Le lendemain (11 Juin) qui était le Dimanche
» de la fête de la Sainte-Trinité, M. le Curé dit sa Messe
» basse à l'autel de Notre-Dame, et après la grand'messe
» des Chanoines, célébrée par Mgr l'Evêque au grand-
» autel, on sonna la grosse cloche. M. le Curé monta en
» chaire, fit le prône, et publia les bans de mariage,
» et le soir, à six heures, donna la bénédiction du Saint-
» Sacrement à l'autel de Notre-Dame. » Les désirs de
l'Evêque semblaient triompher, mais l'orage grondait
sourdement dans les esprits. Néanmoins, le Jeudi, 15
Juin, la procession du Saint-Sacrement se fit avec la
plus grande pompe. M. le Maréchal de Chamilly, sa
Maison à la droite, Mme de Chamilly à la gauche, sui-
vait le dais, sous lequel le Saint-Sacrement était porté
par Monseigneur. Messieurs du Présidial tenaient les
cordons du dais. « Les troupes bordaient le passage ;
» les soldats se sont mis d'un pied et d'un genouil et
» ont ôté leur chapeau ; les officiers ont salué, ôté

» le chapeau , se sont mis à genoux ; les canons sur la
» place et sur le rempart ont tiré. » Ces petits détails
ont leur signification.

M. de Chamilly servit de médiateur pour rendre le calme
à la Paroisse agitée. Le 26 Août, le lendemain de la fête de
Saint-Louis, l'Evêque signa un traité de paix dont nous
avons encore l'autographe (1). « Je promets, tant pour
» moi que pour mon Chapitre , de donner un désiste-
» ment pur et simple de la possession que j'ai fait de
» l'Eglise de Saint-Barthélémy, en exécution de la
» lettre de M. le marquis de la Vrillière, soubs le bon
» plaisir de Sa Majesté , dès lors que nous en aurons
» reçu l'ordre..... Fait et arresté, par l'advis de Mon-
» sieur le marquis de Chamilly. » On ramenait la situation au concordat de 1694. La paix était revenue ; Mᵍʳ de
la Frézelière n'en jouit pas longtemps. La mort l'at-
teignit à la fleur de l'âge et au milieu de ses tournées
pastorales (2). Il mourut le 4 Novembre 1702, à quarante-cinq ans, après neuf ans d'Episcopat, et fut
inhumé dans le chœur de cette même Eglise de Saint-
Barthélémy, *servant de Cathédrale.*

MONSEIGNEUR ETIENNE DE CHAMPFLOUR,

QUATRIÈME ÉVÊQUE DE LA ROCHELLE
(1705—1724.)

Le peu de succès de la tentative essayée par son prédécesseur, détermina Mᵍʳ de Champflour à laisser les
choses dans l'état où il les trouvait. Pendant les vingt-un

(1) Archives du Chapitre, ancᵗ case H. 3, C. 5.
(2) Oraison funèbre, du 10 Janv. 1703. Catal. *Bibl. Roch.* 638-666.

ans de son Episcopat, le projet d'une *Cathédrale*
sommeilla complètement. Nommé le 31 Décembre 1702,
sacré le 10 Juin 1703, entré à La Rochelle le 25 Juillet,
Mᵍʳ de Champflour mourut le 26 Novembre 1724, âgé
de quatre-vingts ans. Son Episcopat s'écoula dans cette
triste période de notre histoire que remplirent les revers des dernières années de Louis XIV (1), la minorité
de Louis XV et surtout la malheureuse *Régence* du duc
d'Orléans. L'instruction pastorale de Mᵍʳ de Champflour (1710) et l'effet qu'elle produisit sur le Cardinal
de Noailles, archevêque de Paris, motivèrent en partie
la Bulle *Unigenitus* (8 Septembre 1713). Ce mot ré-
sume les questions théologiques du temps auxquelles
l'Evêque de La Rochelle se trouva mêlé pour une large
part.

En 1722, l'Eglise de Saint-Barthélémy étant en ré-
paration, Mᵍʳ Etienne de Champflour rendit une ordonnance qui assignait l'Eglise des Augustins pour le service provisoire du Chapitre « jusqu'à ce qu'il en ait été
» ordonné par le Roi fondateur de notre Eglise Cathé-
» drale (2). » On entrevoyait déjà des lueurs d'espérance.

(1) Mort le 1ᵉʳ Septembre 1715, à soixante-dix-sept ans moins
quatre jours, dans la soixante-treizième année de son règne.

(2) Archives du dép. de la Charente-Inférieure, G. 2. 3. —
Toutes les indications marquées de la lettre G, suivie de chiffres,
seront empruntées au dépôt de la Préfecture, Travée 27, dont M.
le Préfet nous a facilité l'étude avec une bienveillance extrême.

MONSEIGNEUR JEAN DE BRANCAS,

CINQUIÈME ÉVÊQUE DE LA ROCHELLE.

(1725-1729.)

Mgr Jean de Brancas, l'un des aumôniers de Sa
Majesté Louis XV, ancien agent-général du Clergé de
France, fut nommé à l'Evêché de La Rochelle. Dans le
brevet de nomination, daté du 25 Avril, le Roi fit insé-
rer une clause qui assurait la construction de l'Eglise
Cathédrale dans un temps plus ou moins reculé : c'était
une retenue de 15,000 livres sur les revenus de l'Evêché de La Rochelle, faite au profit de la future Cathédrale. « A condition, y est-il dit, de quinze mille livres
» par année, qui seront employées au bâtiment de
» l'Eglise Cathédrale du dit Evêché, sans aucune dé-
» duction, jusqu'à l'entière construction de la dite
» Eglise... tant par le dit sieur de Brancas, que par
» ceux qui posséderont après luy le dit Evêché. »
L'Evêque fut sacré le 21 Octobre. *Le Régent* était mort
(2 Déc. 1723) ; le duc de Bourbon avait été remplacé
au ministère ; la France avait le bonheur d'avoir pour
premier ministre l'ancien précepteur de Louis XV,
André-Hercule de Fleury, qui venait d'être nommé Cardinal (Septembre 1726). Qu'il nous soit permis de
consacrer quelques lignes biographiques à l'homme
qui contribua, plus que personne, à la reconstruction
de la Cathédrale de La Rochelle.

André-Hercule de Fleury, né le 22 Juin 1653, nommé
à un Canonicat de Montpellier, à l'âge de quinze ans (1668),
n'était pas encore prêtre quand il fut fait Aumônier de

la reine Marie-Thérèse ; le 1er Novembre 1698, Louis XIV le nomma à l'Evêché de Fréjus ; il fut sacré en 1699, et conserva cet Evêché jusqu'en 1715. Louis XIV, par un codicille ajouté à son testament, le nomma précepteur de son petit-fils, qui allait régner sous le nom de Louis XV. L'élève eut pour son précepteur un vif attachément ; Fleury refusa l'archevêché de Rheims et le cordon de l'Ordre du Saint-Esprit. En 1723, à la mort du Régent, Fleury eût pu se mettre à la tête des affaires ; il fut le premier à proposer le duc de Bourbon pour principal ministre. Il eut la feuille des bénéfices et l'entrée au Conseil, mais il n'exerça les fonctions de ministre qu'après l'exil du duc. Devenu Cardinal-Ministre, il rappela les vertus de Suger, et fut le Richelieu et le Mazarin de son époque. Les dix-sept ans de son ministère tendirent à la paix et en procurèrent les bienfaits. « Il joua plusieurs fois le rôle d'arbitre » de l'Europe. » Tout le monde s'accorde sur le talent de son administration (1). Le Cardinal de Fleury avait eu part à la nomination de M. de Brancas à La Rochelle ; la connaissance qu'il avait de son mérite contribua puissamment à le lui faire transférer à l'Archevêché d'Aix : il n'avait occupé le Siége de La Rochelle qu'un peu plus de trois ans (2).

_____

(1) *Biogr. de Michaud*, article signé Lécuy.

(2) Arrivé à La Rochelle, le 7 avril 1726, Dimanche de la Passion, à huit heures du soir, Mgr de Brancas partit, pour Aix, le 8 Juillet 1729. Nous avons la lettre d'adieu à son Chapitre datée de l'Hermenault, le 6 Juillet. — *Arch. Capil. Bibl. Rochel.* 2116.

_____

VI.

PLANS DE LA CATHÉDRALE ACTUELLE

DRESSÉS PAR GABRIEL,

PREMIER ARCHITECTE DE LOUIS XV.

Les difficultés amoncelées par les circonstances po_
litiques allaient enfin s'évanouir. La joie de poser la
première pierre de sa Cathédrale, mais après dix
années de négociations et de patience, était réservée à

MONSEIGNEUR AUGUSTIN-ROCH DE MENOU,

SIXIÈME ÉVÊQUE DE LA ROCHELLE
(1729—1767).

Nommé à l'Evêché de La Rochelle le 15 Octobre
1729, Mgr Augustin-Roch de Menou de Charnisay (1)
fut sacré à Paris, dans la salle de l'Archevêché, par
Mgr l'Archevêque de Bordeaux, assisté des Evêques de
Chartres et de Saintes ; le 26 Novembre, il fit son entrée

(1) Né dans le Diocèse d'Auxerre, le 15 mai 1681, prêtre et

solennelle dans sa ville épiscopale. A peine installé, il commença les négociations au sujet de sa Cathédrale.

Dès le 14 Mars 1731, M. de Maurepas écrivit de Ver- sailles au nouvel Evêque de La Rochelle : « J'exami- » nerai avec M. Bignon le nouveau projet que vous avez » fait ensemble pour bâtir une Eglise cathédrale à La » Rochelle, dont je connais la nécessité. » Jérôme Bignon de Blanzy était l'Intendant de la Généralité de La Rochelle (1).

Le même jour, M. de Maurepas écrivait au Syndic du Chapitre : « Je sais, Monsieur, la nécessité qu'il y au- » rait de bâtir une Eglise cathédrale à La Rochelle. » J'examinerai avec M. Bignon le projet que M. l'Evêque » et lui ont fait ensemble et je chercherai à en faciliter » la réussite. »

Le Chapitre avait écrit au Cardinal de Fleury pour lui proposer d'affecter pendant cinq années les revenus de l'abbaye de Saint-Aubin-aux-Economats, qui étaient de vingt mille livres. Le Cardinal-Ministre répondit quelques jours après (17 mars), au *Doyen, Chanoines et Chapitre* :

« J'entrerai bien volontiers dans tous les expédients » qui pourraient contribuer à la construction de votre » Eglise. — Je verrai, avec M. Bignon, ce qu'il sera » possible de faire à ce sujet. Je serai ravi de pouvoir

grand-vicaire de Chartres, Mgr de Menou était âgé de quarante- huit ans à son entrée dans l'épiscopat; il vécut jusqu'à quatre- vingt six ans et demi.

(1) Il occupa ce poste de 1726 à 1757, époque où il eut pour successeur M. de Barentin. Arcère, II, 578.

» vous marquer en cette occasion , Messieurs , l'estime
» et la considération particulière que j'ai pour vous. »

» CARDINAL DE FLEURY. »

On reprenait le projet de M. de la Frézelière , au
point où l'avait laissé l'arrêt du Conseil d'Etat , du 1ᵉʳ
Février 1695. Mais pendant ces trente-cinq années , les
maisons de bois avaient été remplacées par des hôtels
qui avaient de la valeur; en sorte que les difficultés pour
obtenir cet emplacement parurent si grandes, qu'on fut
réduit, pour réussir, à chercher d'autres combinaisons.
Ainsi , en Septembre 1732 , on avait envoyé à Paris un
projet qui plaçait la future Cathédrale sur un emplacement appartenant aux Pères Jésuites (1) ; peu après, on
en choisit un autre, presque contigu au premier, faisant
partie du clos des Pères Augustins (2) ; un autre projetait
la Cathédrale sur les ruines de la Chapelle Sainte-Anne :
ce dernier projet avait l'inconvénient de rétrécir le
carré de la Place-d'Armes.

Ainsi, cinq emplacements différents avaient été choisis
pour asseoir l'édifice qu'on avait en perspective. Les
événements politiques allaient encore ajourner son
apparition.

M. de Maurepas écrivait de Compiègne à Mᵍʳ de
Menou (3) : « Je suis toujours également disposé. Mais
» il faut attendre , pour proposer des dépenses extra-
» ordinaires , que les temps y soient plus propres. Je
» suis même persuadé que M. le Cardinal de Fleury
» favorisera un établissement aussi nécessaire dès qu'il
» le pourra. »

(1) Aujourd'hui le Jardin public. — (2) La Filature.
(5) Arch. Cap. — 9 Juin 1732.

Une réunion préparatoire avait eu lieu chez Mgr l'Evêque (1), « pour aviser aux progrès de l'affaire » pendante. » La politique allait la laisser pendante encore plusieurs années.

La guerre venait de s'allumer entre le Roi et l'Empereur Charles VI, au sujet de la couronne de Pologne, déférée au roi Stanislas. Nos armes avaient été victorieuses : Philipsbourg avait capitulé à la vue du prince Eugène (18 Juillet 1734) ; on entrevoyait la paix qui fut signée à Vienne (3 Octobre 1735). Le Conseil d'Etat rendit un arrêt, le 6 Novembre 1734, qui permettait d'acquérir « les maisons situées entre l'ancien » Grand-Temple et l'Eglise paroissiale de Saint-Barthé- » lémy et les rues de Chaudellerie et de la Charité (2).» Les projets antérieurs étaient écartés et l'emplacement actuel définitivement arrêté. La vente des maisons comprises dans le projet se fit à l'amiable, au prix de 65,050 livres.

Louis XV renouvela solennellement, à Notre-Dame de Paris, le vœu fait par Louis XIII. L'anniversaire centenaire de cette auguste cérémonie venait rappeler à la Cour les souvenirs de La Rochelle, qui s'y trouvaient intimement liés. Du reste, la paix se consolidait en Europe ; le Cardinal de Fleury, malgré son grand âge, déployait toujours sa haute capacité dans les affaires.

De son côté, le Chapitre de La Rochelle, voyant les circonstances favorables, faisait jouer tous les ressorts. M. de Barentin, Intendant de la Généralité de La Ro-

(1) Arch. Cap. — 24 Janvier 1735.
(2) G. 3. 65.

chelle, avait son beau-frère, M. Dormesson, qui venait
d'être nommé Intendant des finances (1). Le Chapitre
saisit l'occasion et écrivit à M. de Barentin pour le féliciter de cette nomination. M. de Barentin répondit à
la politesse du Chapitre, et en finissant sa lettre, ajouta
au sujet de leur affaire capitale : « J'ai si fort à cœur
» le rétablissement de votre Cathédrale, que j'en ai
» encore parlé hier à M. le Cardinal de Fleury, en
» prenant congé de lui. Son Eminence ne me parait
» pas éloignée de vous prêter le secours dont vous avez
» besoin pour cet édifice. » Le comte de Muy, contrôleur général des finances, donnait de bonnes paroles :
« Je conçois parfaitement l'utilité de la construction
» d'une paroisse décorée d'un Chapitre, dans la ville
» de La Rochelle, où il y a un très-grand nombre de
» Huguenots..... Il ne serait peut-être pas difficile
» d'accorder un secours honneste à ce sujet. Je
» serais charmé de pouvoir contribuer à cette bonne
» œuvre (2). » Déjà, par ordre de la Cour, l'Intendant
s'était mis en rapport avec l'architecte. L'architecte
choisi par elle était Gabriel, le premier architecte du
Roi.

Jacques Gabriel, fils d'un autre Jacques Gabriel,
aussi architecte du Roi, était né à Paris en 1667, l'année même de l'incendie de la première Cathédrale,
qu'il devait être un jour chargé de remplacer. Son père,
qu'il perdit à dix-neuf ans (mort en 1686), était parent
du célèbre Mansard, et s'était distingué par la cons-

(1) 15 mai 1710.
(2) Versailles, 8 avril.

truction du château de Choisy, les plans et les premiers travaux du Pont-Royal. Après avoir étudié l'architecture dès l'enfance et à bonne école, Jacques Gabriel, le fils, fut chargé de donner les plans des places publiques et des embellissements faits au dernier siècle, dans les villes de Nantes et de Bordeaux. Il construisit aussi l'Hôtel-de-Ville de Rennes, la cour du Présidial, ainsi que la tour de l'Horloge de la même ville. La maison commune, la salle et la chapelle des Etats de Dijon, sont faites d'après ses dessins; la ville de Paris lui doit le projet de son grand égoût, monument aussi utile pour la salubrité de cette capitale qu'il l'est pour sa propreté. Tant de travaux ne restèrent pas sans récompense : l'Académie d'Architecture lui ouvrit ses portes; il obtint la place d'Inspecteur général des bâtiments du Roi, jardins, arts et manufactures royales. Gabriel y joignit aussi celle de premier Ingénieur des Ponts-et-Chaussées du royaume; enfin, il fut nommé Chevalier de l'Ordre de Saint-Michel (1), distinction que nos Rois n'accordèrent jamais qu'aux artistes du premier mérite.

Gabriel, écrivit de Marly, (9 Mai 1741) à M. de Barentin : « J'ai travaillé à la rédaction du projet tel qu'il » convient pour construire une Eglise Cathédrale dans » la ville de La Rochelle. J'ai tout mis en état; il ne » me manque plus que les éclaircissements qui me » sont nécessaires pour establir des prix sur les diffé- » rentes natures d'ouvrages. Dès que je les auray, je » finiray cette opération et me mettray promptement

(1) Biogr. de Michaud, signé Ponce.

» en estat d'en rendre compte à Son Eminence et à
» M. le Contrôleur général.

» Je profite avec plaisir de cette occasion pour vous
» renouveler les sentiments dévoués et respectueux
» avec lesquels j'ai l'honneur d'être, Monsieur, votre
» très-humble et très-obéissant serviteur,

» GABRIEL. »

Gabriel avait alors soixante-quatorze ans, et mettait
à cette entreprise l'activité de ses jeunes années. De
son côté, M. de Roussy, député du Chapitre, déployait,
à Paris, tout son zèle près du gouvernement et de l'architecte (1). Gabriel demandait à M. Gendrier, ingénieur à La Rochelle, des éclaircissements sur les matériaux et la main-d'œuvre, et autres détails techniques
sur la pierre et le bois; il comparait avec les travaux
qu'il avait fait faire à Bordeaux et à Rennes. Les premiers éclaircissements donnés par M. Gendrier ne
lui suffisant pas, il revint à la charge (2). « Ce n'est
» pas une petite besogne, » écrivait-il, « et ces sortes
» de monuments ne s'arrangent pas comme des bâti-
» ments particuliers : il faut les établir pour des siè-
» cles. Lorsqu'il y aura une décision faite, et qu'il y
» s'agira de l'exécution, il y aura bien d'autres mesu-
» res à prendre, différentes de celles en usage dans le
» pays, pour conduire le tout à une dépense conve-
» nable. »

Ces nouveaux éclaircissements lui furent fournis (3).

(1) G. 7. 4.
(2) G. 8. 6. Paris, 17 mai 1741.
(3) G. 5. 47. — 25 mai.

« Je sçais, Monsieur, lui disait M. Gendrier, par les
» exemples des édifices considérables que vous avez
» fait construire, qu'il est infiniment plus solide de faire
» les massifs des fondations d'un grand bâtiment en
» libages qu'en maçonnerie ordinaire de moellon à
» mortier de chaux et de sable, mais il n'est pas pos-
» sible, à La Rochelle, de prendre un autre parti que
» ce dernier... On a fait ici, depuis dix ans, des ou-
» vrages considérables dans la mer, actuellement
» même on y fonde des murs de quai, et je vois que
» les massifs des fondations sont en moellons ordi-
» naires, à mortier de chaux et sable, et les parements
» en pierre de Taillebourg de l'échantillon le plus
» commun. Je souhaite, Monsieur, que ce supplément
» de réponses satisfasse pleinement à ce qui manque
» dans le premier mémoire, et qu'à l'envie de bien
» faire j'aie su joindre les moyens d'y réussir à votre
« goût. » Ces études préliminaires avaient précédé la
décision officielle.

Enfin, le 1er Juillet 1744, la décision fut prise par Son
Eminence le Cardinal de Fleury. Gabriel ne perdit pas
de temps. Dès le lendemain, il écrivit à M. l'Intendant :
« Le projet de la Cathédrale ayant été décidé, hier,
» par Son Eminence et M. le Contrôleur-général, j'ai
» reçu ordre de travailler aux plans corrects et au devis
» qui doit en indiquer les constructions pour servir à
» l'exécution... Mon projet est d'une Eglise convenable
» à la dignité d'un pareil édifice ; c'est un monument
» à perpétuité, qui ne se doit faire qu'au mieux,
» comme je l'ai dit à Son Eminence ; et je n'ai pro-
» posé que de faire la partie de cette Eglise qui occu-

» pera le terrain depuis le mur derrière le chœur de
» la Paroisse jusqu'à la Place, sans supprimer cette
» Paroisse. Le service s'y pourra faire avec décence
» dans cette partie; et, par la suite, on continuera ce
» qui restera à achever. Son Eminence a approuvé le
» tout, et M. le Contrôleur général a apostillé mes des-
» sins et mon état de dépense de sa main, en mar-
» quant ce qu'il y a à faire quant à présent (1), »

A la fin du même mois, le comte de Muy s'occupait
de la question financière que le député du Chapitre,
l'abbé de Roussy, ne perdait pas de vue. Le Chapitre
désirait toujours qu'on affectât le revenu d'une Abbaye
pendant un certain nombre d'années; le comte de
Muy, de concert avec Son Eminence, pensait qu'il
valait mieux attaquer de suite le projet en grand; il
écrivait à l'architecte (2) : « On tâcherait d'accorder
dès à présent, dans les temps qui seraient réglés, une
somme d'environ cent mille livres, qui, jointe à celles
dont le Chapitre est nanti de la retenue des revenus
de l'Evêché de La Rochelle, pourrait avancer considé-
rablement cette Eglise, pourvu que cet ouvrage se fît
avec économie et solidité, sans aucuns ornements qui
en augmenteraient la dépense. On est persuadé,
qu'avec votre attention ordinaire, on pourra la diminuer autant qu'il sera possible, et que cet édifice
pourra dans la suite parvenir à sa perfection, avec le
secours de la retenue annuelle des revenus de l'Evêché. » Cette lettre était le programme de la Cour.

(1) G. 7. 7. — 2 Juillet 1741.
(2) G. 7. 8. — Versailles, 27 Juillet.

Avant d'ordonnancer la somme promise par le Roi, le
comte de Muy écrivit à l'Intendant pour le prier « d'é-
claircir s'il n'y a aucune opposition de la part de la
Ville et du Curé de la paroisse de Saint-Barthélémy,
qui doit, dans la suite, être comprise dans le plan et
construction de cette Eglise (1). » M. de Roussy affir-
mait, à Paris, que toutes ces questions étaient déjà ré-
solues. En effet, on attendit peu de temps l'expédition
des pièces nécessaires.

Par son mandataire à Paris, le Chapitre apprit bientôt
le don de cent mille livres que le Roi lui faisait pour
sa Cathédrale. Il se réunit pour autoriser son syndic à
recevoir cette somme et en donner quittance (2). Par
cette délibération, le Chapitre chargeait M. de Roussy
« d'assurer Son Eminence de sa respectueuse et pro-
» fonde reconnaissance pour la grâce qu'elle leur avait
» procurée en cette occasion de Sa Majesté. » On arrêta
en même temps, qu'au nom du Chapitre, il serait écrit
à M. le Cardinal de Fleury une lettre de remerciement,
et une autre lettre à M. le comte de Muy, pour le
remercier de tous ses soins et bons offices auprès de
Sa Majesté et de Son Eminence (3).

Le Cardinal répondit en ces termes :

« Je n'avais pas moins d'empressement que vous,
» Messieurs, de trouver les moyens de pouvoir contri-
» buer à l'édification de votre Eglise, et j'en avais
» toujours recherché les occasions, avec tout le plaisir

---

(1) G. 7. 10. — 3 Septembre.
(2) 26 Août 1741.
(3) Arch. Capitul., de Hillerin, Doyen; 17 Chanoines présents.

» possible. J'y donnerai volontiers la même intention
» dans tout ce qui reste à faire, et je vous prie de
» croire que je serai ravi, d'ailleurs, de pouvoir vous
» marquer, en général et en particulier, Messieurs, la
» parfaite considération que j'ai pour vous. »

» CARDINAL DE FLEURY. »

L'arrêt rendu par le Conseil d'Etat, le 23 Septembre
1741, sanctionna les volontés du Roi (1).

Quelques jours après (2), Gabriel donna avis de
toutes ces bonnes nouvelles à l'Intendant de La Rochelle; en même temps, il lui demandait les aligne-
ments précis des rues adjacentes, des allées de la Place
et surtout de l'Eglise de Saint-Barthélémy; « d'autant,
» ajoutait-il, qu'en faisant la Cathédrale on la con-
» servera, pour ne se servir, d'abord, que de la partie
» de la Cathédrale qui ira jusqu'à cette Eglise. »

Le comte de Muy transmettait (3) le vœu de la Cour :
« Je suis chargé de vous prier d'ordonner qu'il y soit
» travaillé sans différer. » Avant la fin du mois, Gabriel, en possession (4) des plans locaux qu'il avait
désirés, écrivait avec joie : « Je vois qu'il ne set rou-
» vera aucun obstacle à l'exécution du projet arrêté;
» je vais travailler présentement à tous les plans en
» grand (5). » La mauvaise saison approchait; la Cour
trouvait étonnant qu'on ne fût pas déjà à l'œuvre : le
comte de Muy s'en était plaint à M. de Roussy, qui était

(1) G. 3. 2.
(2) 28 Septembre.
(3) G. 7. 12. 8 Oct. 1741.
(4) Depuis le 18.
(5) G. 7. 13. 26 Oct.

à Paris. « On ne serait pas satisfait, lui disait-il, du re-
» tardement qu'on apporte à commencer cet ouvrage. (1) »
L'architecte ne marchait pas assez vite au gré de tout
le monde. « M. de Roussy me presse bien fort, man-
» dait-il à l'Intendant (2), pour faire les dessins du
» projet de l'Eglise Cathédrale de La Rochelle ; ce n'est
» pas une petite opération que de rédiger toutes les
» parties d'un tel édifice dans les mesures qui con-
» viennent, et d'y donner toute l'intelligence nécessaire
» pour une bonne exécution. » Les formes et formalités à donner à l'adjudication le préoccupaient aussi.

On profita de l'hiver pour la démolition des maisons
qui rentraient dans l'exécution du plan. L'adjudication
des matériaux (3) fut commencée sur le pied de mille
livres ; les enchères la portèrent successivement à
7,180 livres. Carion, l'adjudicataire, devait faire place
nette au 1er Avril 1742, à peine de dix mille livres de
dommages-intérêts ; il devait fournir, à dire d'experts,
les matériaux dont on aurait besoin pour construire une
sacristie aux Chanoines, une nouvelle salle de Chapitre,
un logement au sacristain de la Paroisse.

Gabriel se rangeait à l'avis de l'Evêque et du Chapitre qui préféraient un entrepreneur de province, ou une
Société prise dans la province, à des entrepreneurs de
Paris. Il travaillait, sans relâche, à préparer son devis,
ses plans étaient en bonne voie. « Je travaillerai au
» devis, écrivait-il (4), dès que tous mes dessins seront

(1) G. 7. 14. — 16 Nov.
(2) G. 7. 15. 23 Nov.
(3) Passée les 11 et 13 Déc. — (4) G. 7 16. 14 Déc.

» arrêtés ; il y a huit personnes dans mes bureaux qui
» y travaillent ; vous verrez que c'est une grande étude
» pour rédiger tout à un point qu'il n'y ait rien à douter
» dans l'exécution.

« Ce projet primitif ne laissera pas que de monter
» à une dépense dont le fonds que vous avez en caisse,
» et ce qui a été donné sur les économats, n'iront pas
» à moitié ; jugez aux petits fonds que vous aurez à
» tirer annuellement, ces premières dépenses, com-
» bien cela durera encore. »

Il ne se doutait pas qu'une grande révolution se jette-
rait en travers de ses plans, comme un abîme à fran-
chir, et qu'il faudrait encore cent vingt ans avant la
réalisation de son œuvre. Gabriel apportait toujours le
même zèle à la terminer sur le papier. « J'ai encore
» quelques jours à attendre que mes dessins soient
» achevés et arrêtés... ce qui ne sera pas long !..

» Je ferai un premier devis pour toute la partie jus-
» qu'au mur qui séparera l'Eglise de Saint-Barthélémy,
» et un second qui marquera ce qui sera à faire pour
» achever le reste de la Cathédrale, que l'on gardera
» et laissera dormir jusqu'à ce que cette première
» partie soit faite. »

Il comptait, dès-lors, sur l'adjudication avant le mois
de Mars et sur les travaux d'excavation pendant la seconde moitié de l'hiver.

L'année qui finissait lui rappelait en mémoire ces
avertissements que donne une vieillesse avancée. Soyez
persuadé, disait-il en finissant sa lettre à M. de Barentin, « soyez persuadé, je vous supplie, ainsi que Mon-
» seigneur l'Evêque et Messieurs du Chapitre que je

» me porterai avec affection à bien diriger toute cette
» bâtisse, et de manière que l'exécution s'en puisse
» continuer, quand même je viendrais à manquer.

» Permettez-moi de vous renouveler à ce commen-
» cement d'année les sentiments les plus dévoués et
» plus remplis de respects, avec lesquels j'ai l'honneur
» d'être, Monsieur, votre très-humble et très-obéissant
» serviteur (1).

» GABRIEL. »

Cette lettre était comme un pressentiment et devait
être un adieu. Gabriel mourut dans les premiers mois
de l'année 1742. Le 8 Février, il signa les plans origi-
naux et les expédia (2). Nous ne pouvons nous refuser
à transcrire ces dernières lignes, écrites de la main de
Gabriel : elles respirent l'affection qu'il avait pour son
œuvre , et sont une sorte de testament :

« Tous les dessins signés et paraphés de moi , écrit-
» il , avec les mesures cotées de ma main , jusqu'aux
» plus petites , sont partis Dimanche dernier ; je les ai
» remis , samedi , à M. l'abbé de Sousy , dans une
» boîte de fer-blanc qui les contient , enveloppés de
» toile cirée pour que rien ne puisse se gâter. On vient
» de copier mon devis. Vous le trouverez circonstancié.
» MM. les ingénieurs et conducteurs préposés , les
» entrepreneurs, ne peuvent manquer en rien que par
» peu d'attention et par négligence... Il est nécessaire
» que vous fassiez imprimer ce devis (3). »

(1) G. 7, 17, 20 Déc. 1741.
(2) G 7. 17. — 14 Février.
(3) Il le fut, en effet, à La Rochelle , chez la veuve Mesnier. Il
porta la date du 10 Mars. — G. 1. 1. 2. 3.

Restait encore une chose importante : l'adjudication ;
Elle préoccupait, à la fois, le Chapitre, l'Architecte,
l'Intendant. Nous en avons la preuve dans cette dernière
partie de la lettre de Gabriel : « M. l'abbé de Roussy,
» qui a fait la même réflexion que je fais depuis long-
» temps sur les entrepreneurs de votre pays, qui n'ont
» aucune intelligence de ces sortes de constructions,
» qu'ils regarderont comme un Alcoran, prévenus qu'ils
» sont de leurs maximes paresseuses, m'a fait penser
» qu'il serait bon de faire publier votre adjudication en
» d'autres villes, comme à Bordeaux et à Rennes, où
» il y en a de bons, et je penserais volontiers à ceux
» de Bordeaux, qui ont fait les bâtiments de la place
» Royale, qui sont plus décorés que votre Eglise. Je
» leur écrirai pour les tenter...

» Je souhaite, dit-il en finissant, que mon travail
» soit de votre goût, et puisse vous instruire de tout
» ce qui concerne un aussi grand objet ; je l'ai entrepris
» par zèle et par affection, tant pour une chose qui
» regarde la gloire de Dieu et l'honneur du siècle, que
» pour vous en particulier. »

Cet illustre vieillard révélait ainsi la pensée intime
qui lui avait fait accepter, à soixante-quatorze ans,
une œuvre de si longue haleine : la gloire de Dieu,
l'honneur de son siècle, les considérations de l'amitié.

Ces trois motifs réunis ne pouvaient être que les
mobiles d'une grande âme (1). Quelques jours après,
il envoyait les détails pour les fouilles des fondations,
et entrait dans des détails techniques :

« Je prévois bien, disait-il, que mes détails vous
» seront d'un grand secours pour l'adjudication... Je
» pars dans trois jours pour Fontainebleau, y attendre
» le Roi ; j'y serai plus en repos, et je diligenterai cet
» ouvrage... Il n'est pas possible de ne pas remettre
» votre adjudication, au plus tôt, au 8 Mai : je vous le
» conseille. »

L'adjudication fut remise au 16, puis au 21 mai ;
Gabriel ne vécut pas jusqu'à ce terme : il était mort,
laissant, comme le dernier fruit de sa vieillesse, le
plan de la Cathédrale de La Rochelle.

C'est le fils de Gabriel lui-même qui nous apprendra
cette mort, dans sa lettre du 17 mai, adressée à M. de
Barentin, et datée de Versailles :

« Je vous dois, lui dit-il, un remerciement pour les
» bontés que vous avez de me féliciter sur les grâces
» que le Roi m'a accordées. (Il succédait aux honneurs
et aux emplois de son père).

» Agréez-le, je vous prie, ainsi que les assurances
» de mon parfait attachement pour vous. Je suis trop
» jaloux des ouvrages qui sont sortis de la main de
» mon père, pour n'être pas flatté de les suivre. Ainsi,
» j'ai l'honneur de vous assurer, et le chapitre, que je
» ne négligerai aucune occasion où mes services pour-
» ront être utiles. » (G. 7. 24).

L'adjudication fut passée le 21 Mai, à quatre entre-
preneurs en société, dont les deux principaux furent
François Bonfin, entrepreneur des ouvrages publics à
Bordeaux, et Nassivet, qui survécut aux trois autres.

VII.

CÉRÉMONIE DE LA BÉNÉDICTION

DE LA PREMIÈRE PIERRE

18 JUIN 1742.

———

Les plans officiels avaient été signés par Gabriel , le 8 Février , envoyés à La Rochelle au commencement de Mars , et , sans le moindre retard , on s'était mis à l'œuvre. De grands travaux de déblaiement et d'excavations s'étaient effectués ; huit maisons jetées à terre , leurs matériaux enlevés , le sol aplani , les fouilles des fondations pratiquées , et , dans quelques endroits , jusqu'à neuf mètres de profondeur : tels étaient les preuves et le résultat de l'activité déployée pendant trois mois. Tout se préparait pour la cérémonie de la bénédiction et de la pose de la première pierre.

Pour la décrire , nous ne pouvons employer un récit plus authentique que celui qui fut dressé le jour même et signé de l'Evêque , des Officiers du Roi , des Chanoines ; nous le transcrivons sur l'original conservé aux Archives Capitulaires :

« Aujourd'huy dix-huitième de Juin mil sept cent quarante-deux, la première pierre du bastiment de l'Eglise Cathédrale de La Rochelle a esté solennellement bénite et posée par Mᵍʳ l'Illustrissime et Révérendissime Augustin-Roch de Menou, Evêque de La Rochelle, assisté de son Chapitre.

» La cérémonie s'est faite conformément au Pontifical et suivant le cérémonial réglé par Mᵍʳ l'Evêque et les députés du Chapitre. Et en conséquence, hier après complies, Mᵍʳ l'Evêque ayant une étolle blanche pardessus son camail et accompagné du Chapitre, planta une croix à l'endroit où doit estre placé le grand autel dans la première partie de l'Eglise qu'il s'agit de bastir. Ensuite la solennité fut annoncée, à sept heures et demie du soir, par le son de toutes les cloches de la ville. Elle l'a encore été ce matin à quatre heures par une décharge de vingt-un-coups de canons de la place ; à midy et à quatre heures et demie du soir de ce jour, on a encore sonné pendant demi-heure. Tout le clergé séculier de cette ville qui avoit esté convoqué par ordre de Mᵍʳ l'Evêque s'estant trouvé à l'Eglise Cathédralle et Monseigneur si estant rendu avec le Chapitre, on en est parti processionnellement ce soir vers les cinq heures, et on s'est rendu dans l'ordre accoutumé sur le dit emplacement, en chantant un répons de Saint-Louis. Mᵍʳ l'Evêque étoit revêtu d'amits, aube, ceinture, étolle, et chape blanche, sa mittre simple en teste, tenant sa crosse et accompagné de ses deux assistants aussi en chapes blanches et de ses autres officiers. M. le Chantre a porté le baston accompagné du Chanoine assistant et de deux choristes, tous en chappes blanches.

» M. de Montrosier, lieutenant de Roy et commandant de la place et M. Barentin, Intendant de cette Généralité, qui avoient esté priés par des députés du Chapitre d'assister à la cérémonie, ont suivi la procession marchant immédiatement après Msr l'Evêque.

» Le concours du peuple était prodigieux, de la ville, de la campagne, de tout âge, de tout sexe, de tous états; dans les rues, dans la place, sur les toits, l'affluence estoit égale; et tous les visages y portoient l'expression d'une joye sainte sur la construction d'un édifice si longtemps et si ardemment souhaité.

» M. le lieutenant de Roy avoit eu l'obligeante attention de faire prendre les armes à la garnison et de commander un détachement de ladite garnison, pour border l'emplacement, et cette sage précaution a tellement réussi que l'ordre et la tranquillité n'ont esté troublés par aucun accident, ni même par la plus foible apparence de tumulte.

« La procession estant arrivée sur l'emplacement, elle s'est arrestée devant la Croix qui avoit esté plantée hier au soir, en cet endroit. Msr l'Evêque a fait la bénédiction de l'eau et en a aspergé le lieu où la Croix est posée. La procession continuant sa marche est descendue dans la fosse ouverte pour les fondations du portail et des tours de la Cathédralle, où Msr l'Evêque, le chapitre et tout le clergé se sont placés sur les sièges qui y avoient esté préparés; M. le lieutenant de Roy et M. l'Intendant ont occupé dans le mesme lieu les places qui leur estoient destinées.

» Dans ce moment on a chanté à grands chœurs de musique un motet composé par M. le Chantre pour la cérémonie. Après le motet Mgr a béni la première pierre qui est de figure quarrée, angulaire, et de quinze pieds cubes ; on a enchassé dans cette pierre une plaque de cuivre sur laquelle sont gravés les noms de Mgr l'Evêque et de tous Messieurs les Dignitaires et Chanoines qui ont eu l'honneur de l'assister à cette sainte cérémonie ; l'inscription est conçue en ces termes :

AD PERENNEM REI MEMORIAM

TEMPLI RUPP. SUB INVOC. S. LUDOVIC.

PRIMUM FUNDAM. LAPIDEM PONEBAT ANNO

DOM. 1742. DIE VERO JUNII 18

ILLUSTRISS. AC. REVERENDISS. D. D. RUPP. EPISC.

AUGUST. ROCH. DE MENOU

CIRCUM ASTABANT. VENERAB. CANONICOR. COLLEGIUM

(Suivent les noms des trente Chanoines).

» La première pierre estant bénite, on a chanté à genoux les litanies des Saints ; ensuite Mgr l'Evêque a gravé une croix sur chaque face de la dite pierre et l'a posée dans les fondements à l'angle de l'avant-corps du grand portail du costé de la rue de la Chaudellerie ; dans ce mesme moment on a fait une décharge de vingt-un coups de canons de la place.

» Immédiatement après la bénediction et la position de la première pierre, Mgr l'Evêque a esté processionnellement avec le Chapitre seulement faire la bénédiction des fondements ouverts et de ceux désignés en chantant les antiennes, pseaumes et oraisons et en

observant les cérémonies prescrites par le Pontifical ;
on a commencé par ceux du portail et de la tour du
costé de la rue de la Charité, et continuant par le costé
de la dite rue, on a fait le tour par-devant la principale
porte de l'Eglise de Saint-Barthélémy, dont le terrain
entre dans le bâtiment de la Cathédralle suivant l'arrest
du Conseil et conformément aux plans et dévis dressés
de l'ordre du Roy par M. Gabriel ; on a fini le tour et la
bénédiction des fondements en revenant par-devant la
porte collatérale de la dite parroisse dans les fondations
à l'endroit où la première pierre avoit esté posée, on y
a chanté le *Veni Creator* qui a été entonné par Mgr
l'Evêque, lequel après avoir dit les deux oraisons marquées dans le Pontifical a fait publier les indulgences ;
on est revenu processionnellement à l'Eglise dans le
mesme ordre qu'on en estoit parti en chantant le
pseaume *Exaudiat* a chaque verset duquel le chœur a
répété *Domine salvum fac Regem.*

« Enfin la procession arrivée à l'Eglise le salut a commencé et le *Domine salvum fac Regem* a esté chanté
par la musique. Mgr l'Evêque a donné la bénédiction
du Saint-Sacrement pendant laquelle on a fait une
troisième décharge du canon de la place ; le soir sur les
neuf heures, il y a eu sur la place une quatrième décharge de trente-cinq coups de canons et de quarante
boëtes suivies d'un feu d'artifice, de laquelle cérémonie
il a esté dressé le présent procès-verbal pour consacrer
à la postérité cet événement mémorable. »

Une médaille de bronze, d'un grand module, fut
frappée à cette occasion et distribuée aux Notables de
la ville.

Sa face principale représentait le frontispice de l'édifice, tel que nous espérons le voir un jour, dans son exécution complète, avec ses deux tours et ses sculptures.

En exergue, on lisait ces mots : *Religioni ac Urbi ;* rappelant que le monument était entrepris avec un double but : la gloire de la religion et de la ville. Au bas du frontispice étaient gravés ces mots : *Templum Rupell. sub invoc. S. Ludov. inchoatum an. D.* MDCCXLII. — Cathédrale de La Rochelle, sous le vocable de Saint-Louis, commencée l'an du Seigneur 1742.

Le revers portait pour exergue ces premières paroles du Psaume 126 : *Nisi. Dom. ædific. domum. in vanum. laboraverunt. qui. ædific. eam...*

Le champ contenait cette inscription commémorative :

LUD. XV.

REG. ET LARGIENTE

A. H. DE FLEURY REG. ADMINIS.

OPTIMI PRINCIPIS MUNIFICENTIAM

PROMOVENTE

AUGUSTINO ROCIIO DE MENOU

SEDENTE.

I. B. DE MATIGNON URB. ET. PROV.

MODERANTE.

CAR. AM. HON. BARENTIN

REI ÆRAR. POLIT. ET JUD.

PRÆFECTO

NEC NON. ÆD. IMPETR.

PROCURANTE.

dont voici la signification :

Par les libéralités de Louis XV, roi de France,

André-Hercule de Fleury, premier Minis. 'e , secondant la munificence de ce Prince bien-aimé ; Augustin-Roch de Menou , Evêque de La Rochelle ; Jean-Baptiste de Matignon (comte de Gacé), Gouverneur de La Rochelle et pays d'Aunis ; Charles-Amable-Honoré de Barentin , Intendant de Finances, Police, Justice, qui a contribué à obtenir la construction de l'Eglise Cathédrale.

VIII.

PREMIÈRE SÉRIE DES TRAVAUX.

(1742—1752).

———•———

La Cour était impatiente de voir progresser les travaux (1). Dès le lendemain de la grande solennité (2), l'Intendant écrivit à Versailles pour en rendre compte. Quelques jours après (3), il reçut les félicitations de la Cour par l'organe du comte de Muy ; elle paraissait attacher du prix A LA JOIE POPULAIRE *qu'il y a eu dans cette occasion.*

Dans le mois suivant (4), le Cardinal de Fleury écrivit au Chapitre de La Rochelle, pour le remercier à son tour de ce qu'il avait bien voulu « tenir pour » présent M. de Hillerin, à cause des occupations

---

(1) Voir les lettres du Comte de Muy, Contrôleur-Général, datées de Versailles, 22 Avril, et Fontainebleau, 3 Mai. — *Arch.*

(2) G. 7. 36. — 19 Juin.

(3) 24 Juin.

(4) 10 Juillet.

» dont il avait été chargé. » M. de Hillerin, Doyen du Chapitre, homme d'une grande valeur, avait été chargé d'une mission importante sur un désir du Cardinal. « Employant son temps utilement, pour le » bien de la Religion et le salut des âmes, » disait le premier Ministre, « c'est une bonne œuvre à » laquelle vous concourez et participez, et je vous en » sais très-bon gré. Soyez persuadés, Messieurs, des » sentiments que j'ay pour vous. »

LE CARDINAL DE FLEURY.

L'intention du Roi est que cet ouvrage s'avance aussi promptement qu'il se pourra, écrivait le comte de Muy (1) à l'entrée de l'hiver. Le fils du premier Architecte, constatait (2) que ses intentions avaient été suivies. Au renouvellement de l'année, il écrivait à l'Intendant de La Rochelle : « Je vous demande la continuation de votre » amitié et une bonne part de l'estime dont vous hono- » riez feu mon père. L'on m'a rendu compte de l'état » des travaux de la Cathédrale, et il me paraît que les » entrepreneurs ont fort bien secondé les intentions où » vous êtes d'accélérer cette besogne, et surtout les » soins de M. Gendrier, qui est un garçon fort entendu » et d'un vrai mérite. Comme je suis pilier de Cour, si » je pouvais vous être bon à quelque chose dans ce » pays, je serais trop flatté que vous voulussiez m'em- » ployer. »

(1) G. 7. 27.— 9 Nov.

(2) 3 Janv. 1743. — G. 7. 28. — Il y a en marge une réponse illisible de M. de Barentin, elle commence ainsi : « Une maladie » considérable que j'ai eue, Monsieur... »

Ainsi, de Versailles, où il résidait à la suite de la
Cour, Gabriel le fils, honoré comme son père du titre
d'Architecte du Roi, surveillait *en chef* les travaux qui
s'exécutaient à La Rochelle. Mais de grands travaux à
Paris, le Louvre et l'Ecole-Militaire, ne devaient pas
permettre au fils de Gabriel de conserver longtemps
cette direction, quelques lignes de biographie suffiront
pour le démontrer. Jacques-Ange Gabriel, fils de l'auteur des plans de la Cathédrale de La Rochelle, était
né à Paris vers 1710. Il fut l'un des Architectes français les plus employés dans le XVIIIe siècle. Chargé de
l'achèvement du Louvre, il fit élever une partie de l'intérieur de ce palais. Ainsi les titres de Gabriel se trouvent inscrits sur le plus splendide palais de la capitale,
entre ceux des Pérault et des Visconti. Le monument
auquel Gabriel fils attacha principalement son nom
fut l'*Ecole-Militaire* (1751). On lui doit également les
deux colonnades qui bordent la place de la Concorde.
Lorsque l'étranger qui visite Paris, du pied de l'obé-
lisque de Louqsor, se tourne vers l'Eglise de la Made-
leine, les deux colonnades du Garde-Meuble et du
Ministère de la Marine qui encadrent cette perspective
sont l'œuvre de Jacques-Ange Gabriel. Il venait de terminer cette colonnade (1772), quand, à la reprise des
travaux de la Cathédrale, Mgr de Crussol le consulta sur
ses projets de modification à l'œuvre paternelle. Gabriel
fils n'eut pas le temps de la voir livrée auculte (1784); il
mourut à Paris, en 1782. Sous les ordres de Gabriel,
la cheville ouvrière, conduisant les travaux sur les
lieux mêmes, était l'Ingénieur en chef des Ponts-et-
Chaussées de la Généralité, Gendrier, élevé dans les

bureaux de Gabriel père, et ayant travaillé longtemps
sous sa direction (1). C'était « par les lumières déci-
» sives et le travail rapide de cet habile ingénieur, par
» l'activité des entrepreneurs, généralement connus
» par leur expérience et leurs talents, » que devait
s'exécuter la première série des travaux. M. de Barentin, Intendant de la Généralité, avait aussi droit à une
large part d'éloges dans cette œuvre. « Toujours actif et
» zélé pour la gloire de la Religion, autant que pour les
» intérêts du Roi, il n'a rien omis de toutes les démar-
» ches qui pouvaient en assurer le succès et accélérer
» l'exécution. Le Chapitre n'oubliera jamais les atten-
» tions continuelles et les soins redoublés de cet illustre
» et infatigable magistrat. » Tels sont les témoignages
flatteurs que le Chapitre consignait dans ses Registres.

Mais, au moment où les travaux marchaient avec la
plus grande activité, la mort du Cardinal de Fleury en-
leva à la France un habile ministre, à l'Eglise de La
Rochelle un puissant protecteur. Cette perte coïncidait
avec des événements politiques de la plus haute gra-
vité. En 1744, la France avait quatre armées sur pied.
Après avoir déclaré la guerre à Marie-Thérèse, reine de
Hongrie (2), fille de l'empereur Charles VI, le Roi,
avant de prendre le commandement de l'armée, demanda des prières publiques (3). Après quelques succès à l'armée du Nord, le Roi passa de la Flandre en
Alsace (4), et peu après tomba malade à Metz (5).
Sa maladie s'aggrava rapidement ; il demanda et

(1) G. 7, 49. — (2) 27 Avril.
(3) 2 Mai. — (4) 30 Juillet. — (5) 4 Août.

7

reçut les derniers sacrements. La France était dans l'inquiétude et les larmes. Enfin, le 15 Août, on sentit naître des espérances ; le 19, le Roi était hors de danger. Une circulaire aux Prélats du royaume demandait un *Te Deum*. Le comte de Saxe venait d'inaugurer ses glorieuses campagnes : au mois d'Octobre, le Roi rentrait à Paris.

Les années suivantes sont marquées par de grandes batailles, des siéges, des triomphes chèrement achetés. Qu'il nous suffise d'enregistrer parmi les combats fameux dans nos annales militaires : les batailles de Fontenoy (11 Mai 1745), de Raucoux (11 Oct. 1746), de Laufeld (2 Juillet 1747). Les villes de Flandres et une partie de la Hollande étaient conquises (1). La paix vint couronner nos succès. Elle fut signée à Aix-la-Chapelle (18 Oct. 1748), proclamée à Paris (12 Février 1749), célébrée à La Rochelle (8 et 9 Mars 1749), avec la pompe la plus solennelle.

Cette excursion à travers la politique et les champs de bataille était presque indispensable pour comprendre le sort prochain des travaux. « Sa Majesté n'est point en » état, écrivait le comte de Muy (2), « ni dans l'intention » d'accorder de plus grande grâce que celle qui a été » obtenue. » Ce sera sur les revenus de l'Evêché de La Rochelle que l'on achèvera dans la suite cette construction (3). Il répéta une seconde fois la même chose

(1) Tournay, Gand, Bruges, Oudenarde, Ostende, Bruxelles, Anvers, Berg-op-Zoom ; Maestrich, capitula le 8 mai 1748.
(2) 11 Février 1744.
(3) C. 7. 29 et 51. — 12 Déc. 1744.

à la fin de l'année. Depuis la mort du Cardinal de Fleury, ses successeurs au ministère semblaient avoir perdu les traditions de sa sage administration financière : une lettre de l'Evêque de Mirepoix faisait sentir la perte qu'on avait faite (1). « Il vous avait procuré » un grand présent, disait-il à Messieurs du Chapitre... » Je n'en obtiendrai pas de pareil... Employez bien ce » que vous avez reçu. Signé : Louis-Antoine. » Aussi, les travaux commencèrent à languir ; le règlement des comptes était en souffrance ; la Cour se plaignit des retards, et même sur le ton de la menace, par l'organe du comte de Muy : « Sa Majesté, écrivit-il, « enverra » des ordres au commencement du mois prochain, pour » obliger Messieurs du Chapitre à restituer les sommes » qu'ils ont reçues (2). » « Ce n'est ni la faute du Cha- » pitre, ni la mienne, » répondit l'Intendant (3) ; « les » retards ne proviennent que de la longue maladie de » M. l'Evêque. » Au moment où l'hiver allait interrompre les travaux, l'édifice n'était qu'à environ cinq mètres hors de terre (4). Les travaux se continuèrent activement en 1744, 1745 et 1746, ainsi que l'attestent les toisés présentés à l'entrée des trois hivers ; à la fin de 1746, les travaux s'arrêtèrent pendant trois ans.

La paix (5) donna un nouvel essor à la ville de La

(1) Arch. Capit. 21 Févr. 1744.

(2) G. 7. 22. — 5 Nov. 1744.

(3) G. 7. 32. — 1er Déc. 1744.

(4) G. 6. 7 et 8. « Les murs sont arrasés à 2 toises, 4 pieds, » 3 pouces, 5 lignes. »

(5) Publiée 8 et 9 Mars 1749.

Rochelle. Elle venait (1) de rentrer en possession de son ancien Hôtel-de-Ville, qui était resté au pouvoir des Gouverneurs depuis l'abdication de Guitton ; l'Académie (2) commençait le recueil de ses publications ; elle venait de s'associer *M. de Voltaire*, de l'Académie française (1746) ; le Père Jaillot, supérieur de l'Oratoire et curé de Saint-Sauveur, venait de mourir (3), laissant tous les matériaux de l'Histoire de La Rochelle, qu'Arcère, son successeur à l'Académie Rochelaise, allait mettre en œuvre et faire paraître sous son nom. La Rochelle, longtemps humiliée, reprenait son rang de grande ville.

A partir de l'hiver de 1750, les travaux furent interrompus jusqu'au mois de Septembre 1773, c'est-à-dire pendant vingt-trois ans. Aussi, quand le Père Arcère, en 1756, publia son *Histoire de La Rochelle et de l'Aunis,* il présenta ainsi la situation (4) : « Après » l'embrâsement du Grand-Temple, le Chapitre se » retira dans l'église de Saint-Barthélémy, ou il est » encore ; la construction de l'Eglise Cathédrale, » ordonnée par arrêt du Conseil du Roi, le 23 Sep-» tembre 1741, n'est pas même bien avancée. »

Deux causes surtout avaient agi sur cette situation : la politique et la santé de l'Evêque. La guerre avait repris avec violence, et avait fait subir aux Rochelais

(1) En 1748.

(2) Fondée en 1732. Publié en 1747 et 1752.

(3) Mort le 31 Juillet 1749. Voir l'excellente Notice de M. Delayant. *Choix de pièces...* N° 6, p. 55-75, sur Jaillot et Arcère.

(4) Arc. 1. 601.

des pertes incalculables. La France venait de perdre le
Canada et le Sénégal. Jamais, à La Rochelle, les esprits
n'avaient eu plus d'ardeurs guerrières contre les Anglais (1). La prise de Port-Mahon fut signalée par
d'éclatantes réjouissances (2). On vit surgir le corps
des *Volontaires d'Aunis* (3). La flotte anglaise était en
vue de nos côtes (4). Les nouvelles milices firent leurs
preuves de bravoure et de dévouement à la patrie.
L'escadre anglaise revint croiser dans nos parages tout
l'été de 1761. Enfin, la paix, signée à Fontainebleau
(5), fut publiée à La Rochelle le 25 Juin 1763. Mais une
autre guerre se poursuivait à l'intérieur : celle des
Parlements contre les Jésuites, du Philosophisme
contre la Religion catholique.

M⁸ʳ de Menou, heureux de voir s'avancer les travaux
de sa Cathédrale (7), tournait alors tous ses soins vers
l'administration intérieure du Diocèse (8). Malheureu-

---

(1) 1755, Dupont 534.

(2) Eph. Roch. 272, 284. — (3) *Ibid.* 349.

(4) 20 Sept. 1757 ; elle repartit le 1ᵉʳ Oct.

(5) 3 Nov. 1762.

(6) L'arrêt du Parlement, expulsant les Jésuites du Royaume,
fut signifié à ceux de La Rochelle, le 10 Mars 1762. Ils avaient
le Collège depuis cent trente-deux ans, le Grand-Séminaire
depuis soixante-huit ans.

(7) Son épitaphe rappelle ainsi ces sentiments du Prélat :
« *Ecclesiæ Cathedralis, cui primùm erigendæ impiger adlabora-*
» *verat, prima ipse posuit fundamina, hoc unum ambiens ut*
» *perficere potuisset.* »

(8) Le 25 Octobre 1743, il publia son Mandement pour la
réimpression du *Rituel* de M⁸ʳ de Laval, imprimé à Fontenay,
chez Poirier, 1744.

sement, dès cette époque, commença cette longue
série d'infirmités (1) qui le retinrent pendant près de
trente ans dans son palais épiscopal.

L'Evêque s'affaissait sous le poids de la vieillesse et
de ses longues douleurs (2), soutenu par le courage
que donne une héroïque vertu. Il laissa dans son
Diocèse, qu'il n'avait jamais quitté une seule fois, une
mémoire extrêmement précieuse, et mourut le 26
Novembre 1767, âgé de quatre-vingt-six ans et demi,
après avoir tenu le Siége de La Rochelle pendant trente-
huit ans. Il fut inhumé, le 1er Décembre, dans l'Eglise
de l'hôpital général de Saint-Louis, qu'il avait institué
son légataire universel. Une table de marbre noir y
rappelle encore le souvenir de ses vertus pastorales,
où dominait la charité.

(1) G. 7, 29 et 31. Réponse de M. de Barentin : « Sans la maladie
» de M. l'Evêque de La Rochelle, j'aurais eu l'honneur... etc. »
8 Déc. 1744.

(2) « *Longissimis data præda doloribus, invictus ad mortem*
» *usque pertulit*, » dit son épitaphe.

IX

PRÉLIMINAIRES DE LA REPRISE DES TRAVAUX

JUSQU'A LA FIN DU RÈGNE DE LOUIS XV

(1768 — 1774).

Mgr de Menou laissait l'œuvre de sa Cathédrale interrompue depuis les dix-sept dernières années de son
épiscopat ; il s'écoula encore six années, sous son successeur, avant la réouverture des travaux. La Rochelle
avait cependant un nouvel Evêque, jeune, actif, ami
des grands travaux, d'une illustre naissance, bien ap-
puyé en Cour.

MONSEIGNEUR

FRANÇOIS-JOSEPH-EMMANUEL DE CRUSSOL D'UZÈS

SEPTIÈME ÉVÊQUE DE LA ROCHELLE.

(1768—1789).

Né à Paris le 4 Juin 1735, chanoine et vicaire général d'Angers, nommé à l'Evêché de La Rochelle le 3
Avril 1768, Mgr de Crussol fut sacré à Paris, le 17 Juillet de la même année, dans la Chapelle de l'Archevêché,
par l'Archevêque de Paris, assisté des Evêques de

Saintes et d'Angers. Il prêta serment le 22 du même mois, et arriva dans sa ville épiscopale le 1er Août.

Dans le brevet de nomination du 3 Avril 1768, le Roi s'exprimait ainsi sur la retenue annuelle effectuée sur les revenus de l'Evêché de La Rochelle :

« Sa Majesté, en conformité de ses premières inten-
» tions, désirant assurer les moyens de continuer les
» travaux déjà commencés pour la construction de
» l'Eglise Cathédrale de La Rochelle, a ordonné et or-
» donne que sur les fruits et revenus de l'Evêché de
» La Rochelle, qu'elle vient d'accorder au sieur Fran-
» çois-Joseph-Emmanuel de Crussol d'Uzès, il sera
» fait une retenue annuelle de 15,000 francs, pendant
» tout le cours de son Episcopat, laquelle il veut être
» employée à la continuation de la bâtisse de ladite
» Cathédrale ; ladite retenue franche et quitte de toutes
» charges et impositions ordinaires du Clergé, et
» payable par ledit sieur de Crussol d'Uzès pendant
» tout le temps qu'il sera possesseur dudit Evêché. »

Le nouvel Evêque prit aussitôt à cœur l'achèvement de sa Cathédrale. Dès le 16 Décembre de l'année suivante, il exprima en assemblée capitulaire « l'extrême
» douleur qu'il ressentait, depuis qu'il était à La Ro-
» chelle, de voir l'édifice de son Eglise Cathédrale
» commencé sur un aussi beau plan, et abandonné
» depuis longues années. » Mais certains calculs avaient de quoi décourager : il fallait encore un million cinq cent mille francs pour achever ! L'Evêque et le Chapitre parurent reculer comme au bord d'un abîme. Tous se plaignaient de la façon presque indécente avec laquelle ils étaient obligés de faire l'Office dans l'Eglise parois-

siale de Saint-Barthélémy, « qui n'étant pas suffisante
» pour le service d'une paroisse, l'était encore moins
» pour une Cathédrale (1). » Mais pour conclure, ju-
geant les difficultés insurmontables , les ressources
insuffisantes, les temps mauvais , l'assemblée con-
clut au provisoire et à un plan tronqué. Il s'agissait de
voûter en briques les bras de la croix, de se clore,
de faire un chœur et de s'y arranger de façon à pouvoir
y faire l'Office plus décemment et plus commodément
que dans l'Eglise Saint-Barthélémy... C'était une Eglise
de plus à La Rochelle.... Quoiqu'elle fût fort petite, il
valait pourtant mieux l'avoir comme cela que pas du
tout. Le Chapitre applaudit ; l'Intendant, M. Senac de
Meilhan , penchait aussi grandement pour cet avis.

La délibération prise , on se mit en quête des appro-
bations supérieures ; la Cour informa (2). Le projet
laissait subsister l'Eglise paroissiale de Saint-Barthélémy , et épargnait bien des regrets étouffés ; il y avait
aussi économie. Les quinze mille francs annuels étaient
un petit filet, mais, à la longue, les eaux avaient monté,
et il y avait, au dire de l'Intendant, cinquante mille
écus dans la caisse du Chapitre. L'Intendant donna un
avis favorable , qui fut aussi approuvé par le Conseil
d'Etat. Le plan de Gabriel faillit être mutilé.

Monseigneur s'était rendu à Paris tant pour affaires
de famille que pour l'exécution des nouveaux projets;
il cherchait dans la capitale un architecte, un entrepre-

(1) Arch. Capit. — G. 2. 5 et 6.
(2) Lettre du comte de St-Florentin à M. Senac de Meilhan, intendant. Versailles , 7 avril 1770. — G. 7. 33.

neur qui voulussent bien épouser ce projet si difforme.
Le Prélat écrivit une lettre de quatre grandes pages à
l'Intendant. « Il me sera bien plus agréable, dit-il, de
» toutes façons de traiter avec vous; d'ailleurs, mes
» Abbés ont la tête si dure, que j'ai toutes les peines
» du monde, et qu'il me faut leur écrire des in-folio
» pour leur faire comprendre les choses les plus sim-
» ples. » Il songeait dès cette époque à rebâtir son Evêché. Il s'était adressé à l'architecte de l'Hôtel-Dieu de
Paris, M. Ducret. « Il passe pour très-habile sans être
» des plus merveilleux. Je n'ai pas voulu donner dans
» M. Soufflot et autres de ce genre, qui nous auraient
» fait payer dix louis chacune de leurs paroles, et qui
» n'auraient peut-être pas été mieux dites. » Malgré
cela, l'Evêque promettait cent louis à son architecte,
pour frais de voyage, aller et retour, plan, devis, etc.
Le prélat ne se souciait pas des anciens adjudicataires
d'une entreprise interrompue depuis plus de vingt
ans. Un seul survivait; il voulait son désistement. Sur
ces entrefaites, le Prélat était menacé de perdre sa
mère. « Je suis, écrivait-il, au milieu des plus vives in-
» quiétudes et de la plus grande affliction, sur l'état de
» ma mère, qui reçut hier soir le bon Dieu. Elle est en-
» core aujourd'hui dans un état bien critique, bien in-
» quiétant; ce serait la plus grande perte au monde que
» je ferais, la plus sensible; je n'ose concevoir que de
» bien faibles espérances. »

Dans le cours de l'année, on avait parlementé et dis-
cuté divers plans pour se tirer d'embarras; après bien
des pourparlers, le Chapitre était revenu sur son con-
sentement donné à la mutilation de l'œuvre de Gabriel:

l'espoir lui était revenu. Les Commissaires nommés par lui représentèrent qu'il valait mieux subir vingt autres années de patience, que de rêver une jouissance prématurée qui gâterait tout. Renoncer au placement des fonds existant en caisse ; les employer au plus tôt, et tourner toutes ses vues vers la reprise et la continuation du grand plan ; faire des démarches dans ce sens près de Mgr l'Evêque et de M. l'Intendant : telles furent les conclusions de l'importante assemblée Capitulaire du 13 Janvier 1772. Le mérite de la résurrection, après vingt ans d'une léthargie mortelle, revenait tout entier au Chapitre. Il ne fut pas si aisé de ramener le Prélat dans cette nouvelle voie. Ce ne fut que dans les derniers jours de l'année que l'on tomba d'accord. D'ailleurs, les questions de personnes embarrassaient un peu. Nassivet se prétendait héritier de l'adjudication passée à François Bonfin, parce qu'il avait été une de ses cautions. M. de Senac passa outre et subrogea au premier adjudicataire les sieurs Bouffard, Delhomme et Comairas.

La correspondance intime de Gendrier avait stigmatisé énergiquement le projet qui avait prétendu mutiler l'œuvre de Gabriel ; il écrivait à un de ses collègues, le 3 Janvier 1773 : « Si le Chapitre, par des vues assez » communes *aux Eccléisastiques et aux Moines*, dési- » rant seulement se loger, voulait estropier ou changer » la construction, vous sentez, mon cher camarade, » que dans l'état d'avancement où en est l'Eglise, il » n'est pas question d'en faire le monstre de l'art » poétique d'Horace, par des changements : *Formosa*, » *in piscem desinit atrum.* »

Mais déjà la convention du 21 Décembre 1772, entre l'Evêque et son Chapitre, était la preuve d'un retour ; mais déjà, dans le mois d'Août, il y avait eu des délibérations fréquentes ; le Doyen annonçait officiellement, au Chapitre assemblé, que Monseigneur partageait les vues de la Compagnie et demandait qu'on envoyât une députation à l'Intendant, pour qu'il lui plût d'ordonner au plus tôt la reprise des travaux. Cependant, d'accord quant au fond de la question, mais inquiet sur sa responsabilité personnelle dans les travaux, l'Evêque faisait des difficultés de forme sur les entrepreneurs et leur substitution à l'ancien adjudicataire. Mgr de Crussol semblait être plus pressé de jouir de son Evêché que de la Cathédrale (1) : déjà la reconstruction de l'Evêché touchait à son terme. Pendant ces travaux, l'Evêque avait été obligé de faire transporter au Grand-Séminaire les archives de l'Evêché et du Chapitre. Dans la nuit du 1er au 2 juin, ce précieux dépôt fut consumé par les flammes. L'Evêché de La Rochelle, ne remontant qu'à 1648, avait des archives de peu d'importance ; mais il avait hérité, à l'époque de la translation du siége de Maillezais, des vieilles archives de cette Abbaye, remontant à la fin du Xe siècle (avant 990). Pieuses donations des Comtes de Poitou et des Seigneurs, actes d'aveux, titres historiques d'une grande valeur, tout fut dévoré en peu d'heures. Un domestique que le Séminaire avait dû congédier, avait mis le feu par esprit de vengeance. La Justice saisit le coupable et le livra lui-même au

(1) Le palais Episcopal étant dans un état de vétusté et peu commode...

supplice du feu. L'Intendant avait pris sur lui de trancher les questions (1). Il écrivit au duc de la Vrillière, le 31 Août 1773 : « Bien des difficultés se sont » succédées de la part de Mgr l'Evêque..., *pour tâcher* » *de mener la chose à son gré*... Le Chapitre m'a fait » les plus vives instances... » Il justifiait ainsi son ordonnance rendue le même jour. Dès le lendemain, les entrepreneurs rouvraient les portes de ce chantier, silencieux pendant tant d'années. Deux jours après, M. Senac de Meilhan était nommé à l'Intendance de Provence. A la veille de son départ, le Chapitre, sensiblement contristé de cette nouvelle, déclara à la hâte qu'il y avait urgence de prier l'Intendant d'ordonner la reprise immédiate des travaux. Mais l'Evêque était à son château de l'Hermenault. On passa outre ; les travaux furent repris. L'Evêque se hâta d'arriver, *ne sachant rien*... d'officiel... et, blessé de ce manque de procédé, il forma opposition à l'ordonnance de l'Intendant. En rigueur, il avait raison. Mais M. de Meilhan avait écrit en toute hâte au duc de la Vrillière. Quand l'Evêque lui porta ses plaintes, il était trop tard ; le duc de la Vrillière répondit à M. de Crussol : « Lorsque » j'ai reçu la lettre par laquelle vous demandez à pou- » voir suivre l'opposition que vous avez formée à » l'exécution de l'ordonnance rendue par M. l'Intendant » de La Rochelle, le Conseil avait déjà rendu l'arrêt » qui approuve et homologue l'acte de subrogation par » M. Senac de Meilhan, Intendant et Commissaire

---

(1) L'adjudication ou plutôt la subrogation des nouveaux entrepreneurs eut lieu le 29 août 1773.

» départi en la Généralité de La Rochelle, en date du
» 31 Août... Ainsi, c'est une affaire finie et sur laquelle
» il n'y a plus à revenir.» L'arrêt du Conseil fut expédié;
mais l'incident laissa du froid entre l'Evêque et son
Chapitre. Cependant les travaux se rouvrirent. Il y avait
pour plus de 3,000 livres de pierres demeurées au
chantier, et, en caisse, 226,300 livres 10 sols. Avec
la retenue réduite à 10,500 livres sur les revenus de
l'Evêché, on pouvait aller assez loin. Des approvisionnements pour plus de 60,000 livres arrivaient. Du
reste, l'hiver approchait.

L'Evêque de La Rochelle s'était rendu à Paris, le
nouvel Intendant, M. de Montyon, y était aussi ; M. de
Sousy, syndic et député du Chapitre ne tarda pas d'y
arriver. C'est sur ce théâtre que les difficultés sont
transportées. « Je joins ici, Monsieur, le projet que
» vous m'avez demandé, écrivit l'Evêque au nouvel
» Intendant, je vous supplie de l'examiner avec les
» yeux de la justice et de l'équité qui vous est propre,
» et d'être persuadé de la pureté de mes intentions....
» je le soumets à vos lumières, et serai enchanté d'en
» conférer avec vous. » L'Evêque voulait qu'on prit
l'avis des architectes « et entre autres de M. Gabriel,
» fils de celui qui a dressé les plans... »

Le député du Chapitre conférait à Paris avec M. de
Montyon (1). La principale difficulté roulait sur la responsabilité des entrepreneurs. Ils fournirent une nou-

(1) 14 Févr. Lettre de M. de Montyon, à M. Sousy, syndic et
député du chapitre de la R., hôtel Notre-Dame, rue du Paon,
Paris. (*Arch. Capit.*).

velle soumission où ils garantissaient l'achèvement des
travaux en se contentant des 10,500 livres par an. C'é-
tait la dernière formalité pour lever les scrupules de
Mgr de Crussol ; deux jours après (27 Février), le duc
de la Vrillière écrivait à M. de Montyon : « vous pou-
» vez aller en avant sur ce sujet : » le nœud était
tranché, à Paris.

A La Rochelle, M. Aldebert, grand-vicaire de Monseigneur et dépositaire en son nom d'une des trois clefs
de la caisse, refusait cette clef. Le Chapitre avait pro-
mis 20,000 livres aux adjudicataires déjà à découvert
de près de quatre fois autant pour approvisionnements
et travaux. Le Chapitre écrivit une lettre respectueuse
et désolée (1), en réponse à celle qu'il avait reçue,
datée de Beauvais, le 1er Avril 1774. L'opinion publique, même des Protestants, sympathisait avec les entrepreneurs, dit une note de M. Genain ; il ajoutait
cependant : « le respect que l'on doit et que l'on a pour
» un Evêque, surtout d'un grand nom, ne permet pas
» de s'étendre davantage sur une pareille affaire. » Les
entrepreneurs ne se décourageaient pas ; le bâtiment
avançait malgré une mésintelligence peu sensible au
dehors ; les administrateurs rendaient justice à la
sagesse du Chapitre. « Ce corps est très-bien composé, » écrivait un d'entr'eux. Les ouvrages seront
faits et parfaits dans six ans au plus, disait-il, et on
voyait avec peine que l'Evêque « ne voulut pas se dé-
» partir du singulier désir qu'il avait eu de réduire le
» bâtiment fort avancé de la Cathédrale à une chapelle

(1) 11 Avril.— G. 2. 13.

» que le chœur remplirait, qui ne serait que pour le
» Chapitre et où le peuple ne pourrait pas entrer. »

« M. Genain, qui est lié d'amitié avec quelques-uns
de Messieurs du Chapitre, sait combien ils sont peinés
de la trop grande facilité de M. l'Evêque à persister
dans les singulières idées qu'il ne paraît que trop qu'on
lui a fait naître et auxquelles ce Prélat ne se serait
certainement pas livré, s'il n'eût consulté que lui. —
C'était sans doute sur M. Aldebert, que retombaient
ces insinuations.— Mais le grand mot était lancé ; on
parlait de *sommation* à faire au Chapitre, qui la dé-
clinerait ; et l'odieux retomberait sur l'Evêque. — Un
grand événement fit diversion.

Le 10 Mai 1774 mourut Louis XV, âgé de soixante-
cinq ans, après cinquante-neuf ans huit mois et
quelques jours de règne.

Le même jour inaugurait le règne de Louis XVI.

X.

SECONDE SÉRIE DES TRAVAUX.

(1774 — 1784).

Le nouveau règne ramena la concorde entre l'Evêque et le Chapitre, et les quatre premières années du règne de Louis XVI suffirent pour terminer ce qui restait à faire, c'est-à-dire, à partir des corniches, les voûtes, la coupole, la charpente, la toîture : la première série des travaux avait laissé à moitié l'œuvre entreprise en 1742. Au moment de la mort de Louis XV, Mgr de Crussol était à Paris, à l'hôtel de Senecterre, chez Mme la comtesse de Senecterre, sa sœur, s'entourant des conseils et des lumières d'hommes expérimentés. Quelques jours après la mort du Roi, il provoquait une réunion des six plus habiles architectes de la capitale : c'étaient MM. Gabriel, fils de l'auteur du plan primitif, Soufflot, à qui Paris doit le Panthéon et sa coupole, Perronet, Ducret, Mauduit, Gendrier, ingénieur en chef des Ponts-et-Chaussées à La Rochelle. Là furent discutés les projets relatifs à l'achèvement de la Cathé-

drale ; il fut dressé procès-verbal de cette réunion (1).
La plus grosse affaire était celle de la coupole : on
redoutait la poussée de son poids immense. Les architectes déclarèrent qu'il n'y avait aucun risque ; on convint de diminuer la hauteur des combles en la rédui-
sant, comme cela est d'usage, à moitié de leur largeur.
On fit quelques légers changements; Gabriel fils les
signa de sa propre main sur les plans. On pourvut au
remplacement de M. Gendrier, par son successeur,
l'Ingénieur en chef des Ponts-et-Chaussées de la Province ; le sieur Nassivet, Inspecteur nommé par arrêt
du Conseil, passait en sous ordre, et recevait le rôle
plus modeste de veiller aux détails (2).

A la suite de la consultation signée des six architectes,
les difficultés de personnes et de formalités furent écar-
tées. Des requêtes avaient été présentées au Conseil
d'Etat ; les Ministres du nouveau règne en référèrent à
l'avis du nouvel Intendant. M. de Montyon (3) quittait
Paris et se rendait à La Rochelle ; le duc de la Vrillière
lui renvoya les pièces du débat. Le 10 Septembre 1774,
un arrêt du Conseil d'Etat, *tenu à Versailles, Sa Majesté y étant*, rendait M. de Montyon seul arbitre des

(1) G. 3, 7.—3 Juin 1774.

(2) Nassivet avait été graveur de la Monnaie et s'était improvisé
entrepreneur de bâtiments.

(3) Le baron de Montyon, célèbre par ses legs et fondations
charitables, fut Intendant de la Généralité depuis Sept. 1773
jusqu'en Janv. 1776. — Le Chapitre a plusieurs lettres de lui
témoignant de son zèle pour la construction de la Cathédrale. —
Il mourut le 29 Décembre 1820. L'Académie française a deux fois
proposé son éloge. 1826, 1832.

questions en litige. Peu de jours après, Mgr de Crussol revenait aussi à La Rochelle, d'où il repartit bientôt pour l'Hermenault, château des Evêques de La Rochelle : il se proposait d'y passer la belle saison.

Au commencement du printemps de 1775, il fallait, sous peine de tout retarder ou de tout compromettre, fonder et bâtir la dernière travée qui touchait le mur du fond de l'Eglise de Saint-Barthélémy. Dans la crainte de soulever des questions irritantes entre le Chapitre et la Paroisse, on avait jusque-là ajourné ce travail. Diverses négociations s'entre-croisèrent, quelquefois compliquées par des vices de forme. Evêque, Intendant, Chapitre, Paroisse, Marguilliers, tout le monde fut en jeu : de volumineux dossiers de lettres et de mémoires nous sont restés comme pièces à l'appui des prétentions contradictoires des divers intéressés.

Louis XVI ayant été sacré à Rheims, le 11 Juin 1775, le 2 Juillet suivant, un *Te Deum* fut chanté *à la Cathédrale*, ce qui veut dire encore à *Saint-Barthélémy*. En cette occasion, le Chapitre se prêta aux désirs de son Evêque « avec toute l'affection que la Compagnie » avait toujours montrée pour la gloire des Prélats et » l'exécution des volontés du Souverain. » Mgr de Crussol revint de l'Hermenault à La Rochelle, où le duc de Chartres, Louis-Philippe-Joseph d'Orléans, devait arriver (3 Juillet 1775). Le Prince descendit à l'hôtel du baron de Montmorency, où l'Evêque l'attendait. Le Chapitre EN CORPS ET EN MANTEAU LONG fut présenté par Monseigneur, avant les autres Corps constitués. Après avoir visité le port et la digue, il repartit pour Rochefort, salué, au départ comme à l'arrivée, par les salves d'artillerie.

A de courts intervalles, d'illustres voyageurs vinrent visiter La Rochelle, pendant que se poursuivait cette seconde série de travaux à la Cathédrale : ce furent le vicomte de Choiseul (24 Juin 1776), l'empereur d'Autriche Joseph II, frère de Marie-Antoinette, reine de France (18 Juin 1777) ; le comte d'Artois, depuis Charles X (26 Mai 1777) ; enfin, les princes de Condé père et fils (23 Juin 1780). Le comte d'Artois parut s'intéresser vivement à l'achèvement de l'édifice.

Le Roi venait de prendre pour un de ses ministres M. de Malesherbes, celui qui dix-sept ans plus tard devait être un de ses intrépides défenseurs. M. de Maurepas avait reparu à la Cour (1). « M. de Maurepas, dont » nous avons plusieurs lettres, disait le Chapitre, doit » être disposé à finir une Eglise commencée sous ses » auspices, et en quelque sorte par ses soins. » L'Intendant « était aussi bien disposé qu'on pût le désirer ; » Mgr de Crussol était à Paris. Il fut donc décidé, au Chapitre général de la Toussaint (3 Nov. 1775), qu'on écrirait à Monseigneur pour le prier d'appuyer « de tout » son crédit les espérances et les demandes du Cha- » pitre. » Les espérances étaient grandes.

On comptait si bien sur un achèvement peu éloigné des

---

(1) Disgracié pour une pigramme contre Mme de Pompadour, le comte de Maurepas, petit-fils de Louis Phelypeaux, comte de Pontchartrain, ne reparut au ministère qu'à l'avènement de Louis XVI au trône. Sa disgrâce avait duré vingt-cinq ans ; la faveur de Mme de Pompadour, vingt ans. Elle mourut à quarante-quatre ans, en 1764. — Le comte de Maurepas, né en 1701, mourut sans postérité en 1781.

travaux , qu'on délibérait sur les scupltures des trois frontons. Monseigneur avait choisi celui de la rue Chaudellerie pour y faire mettre ses armes. Mettrait-on sur le fronton de la rue de la Charité les armes de la Ville ou celles du Chapitre ? Ne valait-il pas mieux ajourner les questions de sculptures à un autre temps, les armes du Roi ne pouvant être sculptées au fronton de la Place, qui n'était pas encore terminé ? Telles furent les questions qu'on agita. Dans deux ans , disait-on , la partie à laquelle on travaille sera achevée, et à peu-près payée avec les fonds en caisse. — Ce premier point était vrai. — « Le reste du chœur, la partie circulaire ou abside, » la chapelle de la Sainte-Vierge , sera un ouvrage de » trois ou quatre années seulement , et d'environ » 250,000 livres ; les deux tours pourront coûter » 80,000 livres ; et ainsi on pourrait, avec moins de » 400,000 livres (1), parvenir, en dix ans, à mettre la » dernière main à cet édifice important. » C'était le calcul de Perrette : c'était compter sans les révolutions. Il fallait , hélas ! attendre encore plus d'un siècle et un quart de siècle: — Les deux tours , nous les attendons encore, — et jusqu'à quand ?...

Pendant l'été de 1776 , les travaux furent poussés avec une activité plus grande qu'à aucune autre époque : dans le cours de cette année , on avait fait les grandes voûtes, la coupole , posé à demeure une partie de la

(1) Registre capitulaire orig., p. 257.— C'est un des vingt-deux vol. in-folio de registr. de délibérations du Chapitre, échappé on ne sait comment aux révolutions et réintégré par la bienveillance de M. Wilkins.

charpente (huit grandes *fermes* étaient en place) , et couvert provisoirement le reste. On termina la charpente et couverture en 1777. Mais les fonds étaient absorbés, et les entrepreneurs avaient fait des avances considérables.

Un changement de ministère faisait concevoir de nouvelles espérances. Le premier ministère de Malesherbes n'avait duré que neuf mois : il donna sa démission (le 12 mai 1776), lors du renvoi de Turgot, dont il avait embrassé le système avec trop d'ardeur pour ne pas se retirer avec lui. — « *Vous êtes plus heureux* » *que moi*, lui dit Louis XVI, *vous pouvez abdiquer.*»

Une demande de fonds fut présentée à M. Amelot, qui faisait partie du nouveau ministère. Un des membres du ministère laissait peu d'espoir dans sa réponse à la requête du Chapitre.

L'Evêque d'Autun , Mgr Yves-Alexandre de Marbœuf (1), chargé par le Roi de la feuille des bénéfices, écrivit au Chapitre : (Paris, 17 Novembre 1778) : « Quelque désir que j'aie, Messieurs, de vous procurer » les moyens de continuer votre Eglise, je ne peux pas, » dans ce moment-ci, vous en donner l'espérance ; » il ne vaque pas d'objet capable de supporter une

---

(1) Yves-Alexandre de Marbœuf, né à Rennes en 1732, conclaviste du Card. de Luynes en 1758 , vicaire-gén. de Rouen, fut nommé à l'Evêché d'Autun en 1767, dont il fut le XCVII^e Evêque; il fut sacré à Lyon, le 12 Juillet de la même année. Le Roi le créa Commandeur de l'ordre du Saint-Esprit... En 1788, il passa à l'Archevêché de Lyon. Retiré en Allemagne , il y mourut le 18 Avril 1799. — Voir la savante Notice de Mgr Devoucoux, sur les Evêques d'Autun, Châlons et Mâcon.

» pension aussi forte que celle dont vous avez besoin ;
» et, d'un autre côté, les économats sont trop obérés
». pour pouvoir supporter cette nouvelle charge. Soyez
» bien persuadés de la sincérité de mes regrets, et
» rendez la même justice au respectueux attachement
» avec lequel j'ai l'honneur d'être, Messieurs, votre
» très-humble et très-obéissant serviteur.

» † Y.-A. Ev. d'Autun. »

A la date de cette lettre, les travaux de *grosse-œuvre*
étaient terminés ; les échafaudages venaient de tomber.
Mais que de choses restaient encore à faire !

Mgr de Crussol avait été à Paris solliciter (1) une nouvelle faveur royale. Une lettre de Versailles (2) vint ré-
jouir tout le monde. « L'on estime à environ 400,000
» livres les ouvrages qui restent à faire. En consé-
» quence, Sa Majesté ayant bien voulu aider le Cha-
» pitre de la moitié de cette somme, elle lui sera déli-
» vrée jusqu'à concurrence de 200,000 livres. » Deux
cent mille livres ! c'était une riante perspective et presque
un rêve ! On ne s'apercevait pas qu'on s'était exagéré la
portée du don royal, et qu'on n'avait pas calculé les
restrictions mises par les *gens des finances* de l'Etat.

Les lettres de félicitations arrivaient de tous côtés au
Chapitre de La Rochelle : de la part de MM. de Sartine,
Amelot, du chevalier de Crussol (il relatait l'appui du
comte d'Artois), de Montyon, de Maurepas, de Senac
de Meilhan.

Ces différentes lettres mériteraient d'être publiées ;

(1) Lettre du 20 Novembre 1778 à son Chapitre.
(2) G. 7, 44. — 6 Mai 1779.

toutes, elles témoignent de l'intérêt que prenaient à l'Eglise de La Rochelle des personnes de la Cour influentes et dévouées. Au fond, la grâce octroyée par Louis XVI et ses ministres se réduisait à 10,500 livres par an, au prorata des 10,500 livres données annuellement par l'Evêque sur les revenus de son Evêché (1). La révolution vint hélas tarir ! ces deux sources.

Il restait à se mettre à l'abri des injures de l'air ; à placer trente-quatre vitraux, les portes, les stalles, la chaire, les autels, etc., et à faire le pavé. Le placement de l'autel et les dispositions du chœur soulevèrent des oppositions, des complications, des incidents, des écritures, des conflits de pouvoir qui semblèrent éloigner le port au moment où l'on se flattait d'y entrer, même à pleines voiles.

Le Chapitre voulait l'autel au fond de l'Eglise, adossé au mur provisoire qui touchait à l'Eglise de Saint-Barthélémy, et le chœur sous la coupole ; Mgr de Crussol préférait l'autel adossé à la grande porte d'entrée, qu'on devait murer en moellons ; l'Intendant était de son parti ; l'Ingénieur en chef, M. Duchesne, penchait aussi pour ce plan : il voulait que l'Intendant tranchât la question par voie d'autorité. Celui-ci reculait devant cette mesure.

« Je sais très-bien, écrivit-il à M. Duchesne, les pou-
» voirs que me donne l'arrest du Conseil, et, si je le
» voulais bien, je pourrais exécuter le projet conforme
» aux désirs de M. l'Evêque, que je trouve le seul rai-

(1) Mgr de Crussol avait obtenu que la retenue annuelle, fixée d'abord à 15,000 livres, fût réduite à 10,500 livres.

» sonnable ; mais j'ai donné parole à Messieurs du
» Chapitre de ne rien faire malgré eux, et je ne veux
» pas manquer aux paroles. Comme on n'a que 10,500
» livres à dépenser par an, et que cette adjudication
» sera de 30,000 livres, cela leur donnera le temps de
» faire des réflexions, et nous verrons ce qu'il sera
» possible de faire pour le surplus, l'année prochaine.
» (Paris, 12 Mars 1780). »

L'adjudication des travaux d'intérieur eut lieu le 31
Mars. Le Chapitre forma opposition. « La Compagnie
» avait temporisé, prié, sollicité sans rien obtenir. »
Quand elle vit *murer la grande porte*, elle en appela
au conseil d'Etat, pour qu'il ne fût rien changé au plan.
C'était justement se prendre au piège. M. de Rever-
seaux venait d'être nommé à l'Intendance de la Généralité de La Rochelle. M. Amelot lui donna ses instruc-
tions. De plus, deux arrêts du conseil d'Etat ordonnèrent
de passer outre, et confirmèrent les *pouvoirs absolus*
de l'Intendant. Il fallut plier sur le fond du débat, et
tâcher de s'accorder sur les détails. Chose étrange, la
grande porte murée en 1780 ne fut ouverte que par la
révolution elle-même, le 11 Prairial an II, c'est-à-dire
le 30 mai 1794, au moment où on inscrivait sur son
frontispice cette inscription qu'on y lit encore, bien qu'à
demi effacée : LE PEUPLE FRANÇAIS RECONNAÎT L'ÊTRE SU-
PRÊME ET L'IMMORTALITÉ DE L'AME. Ainsi, pendant dix
ans (1780 à 1790) l'autel fut adossé à la grande porte
murée, et le chœur se trouva près de l'endroit où est le
grand orgue aujourd'hui.

La principale question vidée, on songea au mobilier
de cette Eglise qu'on avait hâte d'occuper. Les devis

furent dressés « pour un retable en bois de chêne peint
et doré, représentant une Gloire, soutenue par des
Chérubins, et ornée de têtes d'Anges, pour une grille
fermant le sanctuaire, quatre bénitiers en marbre blanc
en coquille, une chaire roulante, etc. On revint bientôt
sur ce dernier article, et l'on se décida à faire une
chaire fixée à un des piliers ; elle coûta 5,000 livres (1).
Le maître-autel fut confié à Jacques Boisseau, sculp-
teur. C'était sur l'autel sorti de ses mains que l'auguste sacrifice allait être célébré pour la première fois
dans l'enceinte du nouvel édifice.

(1) C'est la même qui vient d'être replacée *(à notre avis)* d'une
manière assez peu avantageuse à l'auditoire. — Main d'œuvre,
2,400 livres ; sculpture, 2,400 ; ferrure, 200. — C. 1, 15.

XI

BÉNÉDICTION DE LA NOUVELLE CATHÉDRALE

27 JUIN 1784.

Le jour si longtemps attendu fut enfin fixé. Dès le 8 Juin, deux jours avant la fête du Saint-Sacrement, Mgr de Crussol rendit une ordonnance épiscopale qui annonçait la cérémonie de la bénédiction de la nouvelle Cathédrale pour le quatrième Dimanche après la Pentecôte, vingt-septième jour de Juin. Ce sont les registres de l'Hôtel-de-Ville qui nous serviront pour raconter cette fête, à laquelle le Corps de Ville se fit une joie et un devoir d'assister. Les questions de détail avaient été réglées chez M. Aldebert, vicaire-général et aumônier du Chapitre, et surtout les questions de préséance auxquelles le récit municipal paraît attacher une grande importance. Conservons sa physionomie au procès-verbal, dressé le jour même; on verra que la Mairie d'alors est bien loin de la Mairie de JEHAN GUITTON.

« Aujourd'hui, 27 Juin 1784, neuf heures du matin, le Corps de Ville de La Rochelle, extraordinairement

assemblé dans son hôtel, conformément à l'invitation
(du Chapitre), ledit Corps de Ville en robes de cérémonie, précédé des archers de la Mairie, en casaques,
armés de leur pertuisane, s'est transporté à l'Eglise de
Saint-Barthélémy, où étant, il s'est placé dans les
stalles hautes et basses du chœur, du côté de l'Evangile,
en face de MM. les Officiers du Présidial.

» La procession ayant sorti de ladite Eglise, il a été
observé pour le défilé ce qui est prescrit par l'article
37 de l'édit du mois de Décembre 1706, et pour la
marche à la procession, on a suivi ce qui s'est toujours
pratiqué : MM. du Corps de Ville à la gauche de MM. du
Présidial ; M. le Maire figurant avec le Président du
Présidial, ainsi de suite pour les Officiers de l'un et
de l'autre Corps.

» La procession a passé dans la rue des Augustins,
dans la rue Saint-Yon, de là dans celle du Minage, sur
la place en face du grand portail, où l'on s'est arrêté
pour faire les cérémonies portées par l'article 3 de l'ordonnance de Mgr l'Evêque. On a fait une décharge des
canons de la place. Ensuite on a fait le tour de l'Eglise
cathédrale, passant dans la rue de la Charité, devant
le grand portail de Saint-Barthélémy, et on est rentré
sur la place.

» La procession sur deux colonnes est entrée dans ladite Eglise ; là MM. du Corps de Ville se sont joints à
MM. du Présidial, à la principale porte du chœur, se
sont croisés, ont été se placer, savoir : quatre dans les
stalles hautes du côté de l'Evangile, en face de MM. les
Officiers du Siége présidial, qui sont MM. de Malartic,
maire ; de la Porte, échevin ; Lecomte, aussi échevin,

et Grée, conseiller ; quatre dans les stalles basses, qui
sont MM. La Villemarais, Raoult, Bridault et Demontis,
conseillers, et trois qui se sont repliés et placés dans des
chaises tapissées que le Corps de Ville y avait fait porter.

» Ledit Corps de Ville a assisté à toute la cérémonie
portée par ladite ordonnance.

» Pour le sermon, le Corps de Ville est sorti du
chœur, avec MM. du Présidial, et s'est placé dans des
chaises ordinaires dans la nef ; on n'a point observé
d'ordre en sortant, ni en rentrant dans le chœur. C'est
Mᵍʳ l'Evêque qui a prêché. On avait disposé en conséquence une chaire portative qui était adossée à un
pilier de la coupole du côté de l'Epître. L'aspersion a
été donnée à Messieurs du Chapitre par distinction, à
Messieurs du Présidial et du Corps de Ville sans distinction ; les encensements ont été général (*sic*), excepté
les Célébrant et le Commandant.

» M. de Roussy, Lieutenant de Roi, était placé dans le
chœur. On lui avait préparé un prie-dieu couvert d'un
tapis et d'un carreau. Derrière mon dit sieur de Roussy
était un de ses domestiques.

» Messieurs les Curés des Paroisses étaient placés dans
des chaises ordinaires, dans le sanctuaire, du côté de
l'Epître ; les Vicaires des dites Paroisses dans les stalles
basses du côté de l'Evangile, après le bas-chœur ; les
Religieux des différentes communautés de la ville
étaient placés dans des chaises ordinaires, du côté de
l'Epître ; les officiers-majors de la garnison, chevaliers
de Saint-Louis et autres étaient placés dans des chaises
ordinaires, du côté de l'Evangile, excepté le Colonel et
le Lieutenant-Colonel du régiment *de la Sarre*, qui se

sont placés dans des chaises tapissées, à la suite du
Corps de Ville. Les Chanoines étrangers, au nombre de
trois, étaient placés dans les stalles, suivant leur rang
dans le Chapitre.

» Tout a été chanté, le matin et le soir, par la musique. Plusieurs musiciens ont été mandés en conséquence de la Cathédrale de Luçon. Il y avait aussi les
musiciens du régiment *de la Sarre* et plusieurs ama-
teurs. Le soir antécédent, on a tiré une volée de canons.
Messieurs les officiers de l'Election n'ont point assisté
à la cérémonie.

» Et advenant ledit jour, 27e Juin 1784, sur les trois
heures et demie après-midi, le Corps de Ville assemblé
dans son Hôtel, s'est transporté dans le même ordre
que le matin à l'Eglise Cathédrale, est entré par la
porte de la rue de la Chaudellerie (1), s'est placé dans
les mêmes stalles que le matin et a assisté à Vêpres,
au *Te Deum*, et bénédiction du Saint-Sacrement. La
cérémonie finie, le Corps de Ville est sorti du chœur
après Messieurs les officiers du Présidial, par la porte
du côté de la rue de la Chaudellerie. Arrivé à l'Hôtel-
de-Ville, il a été arrêté qu'il serait fait mention sur le
registre des délibérations ordinaires de Corps de Ville,
de tout ce que dessus.

» Fait dans le dit Hôtel-de-Ville de La Rochelle, le
dit jour, 27 Juin 1784, sur les sept heures du soir, et
ont signé avec M. de Malartic, Maire, Messieurs Le
Conte, Lardeau, Grée, Bridault, Billaud. »

L'office continua jusqu'à la révolution, *pour la*

_____

(1) Elle a été fermée en 1832.

Paroisse seulement, dans l'Eglise de Saint-Barthélémy.
Mgr de Crussol put jouir pendant cinq ans de sa nouvelle Cathédrale. A la veille des plus grands événements, les *Affiches Rochelaises* insérèrent ces deux
lignes : « Mgr Illustrissime et Révérendissime François-
» Joseph - Emmanuel de Crussol d'Uzès , Evêque de
» La Rochelle, décédé, dans son Palais Episcopal,
» le 7 Juin 1789, âgé de cinquante-quatre ans. »

MONSEIGNEUR JEAN-CHARLES DE COUCY,
HUITIÈME ÉVÊQUE DE LA ROCHELLE.
(1790-1801.)

A peu de distance de là, on lit dans ces mêmes
Affiches Rochelaises : « Monseigneur l'abbé de Coucy,
» Aumônier de la Reine, nommé par le Roi à l'Evêché
» de La Rochelle, arriva dans cette ville, Mardi der-
» nier 9 de ce mois ; son entrée fut celle d'un simple
» particulier. Le vrai mérite fuit la vaine pompe. »
Jean-Charles comte de Coucy était né le 23 Septembre
1745, au château d'Escordal, dans le Rhételois, de la
famille des Coucy, si puissamment illustrée au temps
des Croisades et de Saint-Louis. S'étant destiné de
bonne heure à l'état Ecclésiastique, il fut nommé
vicaire-général du diocèse de Rheims. En 1773, il obtint un canonicat du Chapitre de cette ville ; en 1776,
le brevet d'Aumônier de la reine Marie-Antoinette et
l'année suivante l'abbaye d'Igny, de l'ordre de Cîteaux,
au diocèse de Rheims ; cette abbaye valait 20,000
livres de revenu. Désigné par le Roi, Evêque de La
Rochelle, (avant le 3 Septembre 1789), il fut sacré le
3 Janvier 1790.

Son mandement de Carême (5 Mai 1790) semblait laisser entrevoir les mauvais jours. « C'est en vain, y » disait-il, que nous voudrions le dissimuler, la reli- » gion que nous avons le bonheur de professer ne » perd-elle pas, de jour en jour, l'empire qu'elle avait » sur nos cœurs? Le flambeau d'une foi vive n'éclaire » qu'un petit nombre de fidèles ; une fatale indiffé- » rence, un égoïsme destructeur de tout bien, nous » enveloppent d'épaisses ténèbres. »

Le 13 Juillet, on lui fit bénir le drapeau de la Fédé- ration. Le 15 Septembre, la garde-nationale Roche- laise fit célébrer une messe à Notre-Dame pour ses frères d'armes de Nancy. « Tous les Corps de la Ville ont » été convoqués. Mgr l'Evêque a rempli dans cette céré- » monie lugubre les fonctions de son ministère, avec » cette piété profonde qui le caractérise. La Messe a » été chantée en musique, » disaient les feuilles loca- les. Les événements marchaient vite à Paris. Le 12 No- vembre, le Directoire du district lui signifia le décret qui supprimait *l'Evêché de La Rochelle;* le même jour, on mit les scellés sur les Archives du Chapitre ; le 15, on signifia au Chapitre d'avoir à cesser toute fonction. Le flot révolutionnaire montait et emportait ses digues.

Le 6 Juin, Mgr de Coucy s'expatria sous le nom de JEAN-CHARLES, et pendant dix ans d'exil, en Espagne, conserva son titre d'Evêque de La Rochelle. Bientôt après, le langage officiel consacra cette expression :

L'ÉGLISE CI-DEVANT CATHÉDRADE.

XII.

TROISIÈME SÉRIE DES TRAVAUX.

(1849 — 1862).

Nous passerons rapidement sur la dernière période que tout le monde connaît. Depuis la *grande révolution*, l'historique de la Cathédrale est facile à faire : pour beaucoup, c'est de l'histoire contemporaine. De 1790 à 1801, elle servit aux assemblées d'électeurs, aux prêtres constitutionnels, aux banquets civiques, aux foires. Après le *Concordat*, M. Mirlin en prit possession, le 3 Octobre 1802, au nom de

MONSEIGNEUR

MICHEL-FRANÇOIS COUET DU VIVIER DE LORRY,
NEUVIÈME ÉVÊQUE DE LA ROCHELLE
(1802).

Confesseur de la foi, âgé de soixante-quatorze ans, il tint ce Siége à peine une année. Il eut pour successeur

MONSEIGNEUR JEAN-FRANÇOIS DEMANDOLX.
DIXIÈME ÉVÊQUE DE LA ROCHELLE.

Sacré le 2 Février 1803, transféré à Amiens le 17 Décembre 1804.

MONSEIGNEUR GABRIEL-LAURENT PAILLOU,
ONZIÈME ÉVÊQUE DE LA ROCHELLE.

Sacré des mains du Pape Pie VII, le 2 Février 1805, il mourut le 15 Décembre 1826. Les guerres de l'Empire, les embarras suscités à la Restauration, ne permirent pas de songer à l'achèvement de la Cathédrale.

Mgr JOSEPH BERNET,
DOUZIÈME ÉVÊQUE DE LA ROCHELLE.
(12 Août 1827—6 Octobre 1835).

Il désespéra de la réalisation du plan primitif; il fit décorer le mur qui faisait le fond de l'Eglise, installer le chœur sous la coupole. L'ornementation intérieure y gagna les deux grands tableaux de Robert le Febvre et de Picot. La construction du Grand-Séminaire avait épuisé la limite de son crédit.

MONSEIGNEUR CLÉMENT VILLECOURT,
TREIZIÈME ÉVÊQUE DE LA ROCHELLE.

Sacré le 13 Mars 1836, Cardinal le 17 Septembre 1855, il eut la consolation de ramener en bonne voie le projet d'achèvement presque abandonné. Il agit efficacement pour faire dégager l'édifice des échoppes

que l'ère de la Révolution y avait adossées (1837),
négocia au sujet des bains *Borin*, plaqués au midi de
l'Eglise, et obtint du Gouvernement les fonds nécessaires à leur acquisition (1839). Secondé par le zèle
infatigable et hardi de M. l'abbé Thibaud, Archiprêtre,
Curé de la Cathédrale, il put réaliser l'acquisition des
bains *Grobot* (1849). Enfin, le Lundi 12 Février 1849,
les *travaux en régie* pour les fouilles et fondations
commencèrent sur un premier vote de fonds assez
faible. La première pierre pour l'achèvement fut posée
le 1er Mai 1851, le jour même du sacre de Msr Louis-
Théophile Pallu-Duparc, Evêque de Blois, que nous
avons le bonheur de voir, à onze ans de distance, assister à la consécration de cette Cathédrale où lui-même a
été sacré. Le 12 Octobre 1852, Msr Villecourt recevait
dans sa Cathédrale le prince LOUIS-NAPOLÉON, bientôt
après l'EMPEREUR. Le 24 Juillet 1853, avait lieu l'ouverture du CONCILE PROVINCIAL DE LA ROCHELLE ; au mois
de Septembre 1855, le Pape Pie XI, glorieusement
régnant, créait Cardinal l'Evêque de La Rochelle. La
gloire et la joie de consacrer la Cathédrale étaient
réservées à

Msr JEAN-FRANÇOIS-ANNE-THOMAS LANDRIOT,

QUATORZIÈME ÉVÊQUE DE LA ROCHELLE,

Sacré le 20 Juillet 1856.

Ad multos annos!

Le Tableau ci-après présente le compte exact des sommes employées pour la construction de l'édifice, depuis CENT VINGT ANS.

DÉPENSES

POUR LA CONSTRUCTION DE LA CATHÉDRALE DE LA ROCHELLE,
EN TROIS SÉRIES DE TRAVAUX.

Première série de 1742 à 1752, sous l'Episcopat de M⁰ʳ de Menou, et pendant le règne de Louis XV........	liv. 400,970	00
Deuxième série de 1774 à 1784, sous l'Episcopat de M⁰ʳ de Crussol, et pendant le règne de Louis XVI........	420,011	00
Troisième série de 1850 à 1862, sous l'Episcopat de Messeigneurs Villecourt et Landriot, et sous l'Empire de Napoléon III (1)................	fr. 520,017	53
Depuis sa fondation, jusqu'à sa consécration, la Cathédrale de La Rochelle a coûté....................	1,340,998	53

(1) Les acquisitions figurent pour 119,148 fr. 2[?]

LA RECETTE

S'est composée ainsi qu'il suit :

	liv.	
1° Louis XV, sous le ministère du Cardinal de Fleury (1744)...............	100,000	00
2° Louis XVI, sur le fond des Loteries (1779), avait promis 200,000 liv. et a donné, en dix ans, environ........	100,000	00

	fr.	
3° Les Evêques de La Rochelle, à l'aide d'une retenue sur les revenus de leur Evêché, à dater du 25 Avril 1725, jusqu'en 1784; retenue portée à 15,000 livres, réduite à 10,500 liv. environ..	587,896	62
4° Le Gouvernement de Napoléon III.	520,017	53
5° La Ville de La Rochelle (depuis 1850).	33,084	38
TOTAL ÉGAL..........	1,340,998	53

Le Compte-rendu de la Cérémonie du 18 Novembre 1862, le Discours prononcé ce jour-là dans sa Cathédrale par Monseigneur l'Evêque de La Rochelle , les Plans de l'édifice nouvellement consacré , quelques Documents inédits feront suite à la présente Notice, et paraîtront prochainement.

———

ON SOUSCRIT CHEZ J. DESLANDES ,

Rue Chef-de-Ville, 8 ,

ET CHEZ LES LIBRAIRES DE LA VILLE.

———

Prix : 1 franc ,

AU PROFIT D'UNE BONNE OEUVRE.

www.ingramcontent.com/pod-product-compliance
Lightning Source LLC
Chambersburg PA
CBHW060145100426
42744CB00007B/903